U0516333

趙爾巽等撰

清史稿

第二八册

卷二〇九至卷二一〇（表）

中華書局

清史稿卷二百九

表四十九

藩部世表一

漢郡屬國，皆有侯王。唐之胡州，亦襲爵號。有清蒙部，實多勳戚。天、崇開國，康、雍禦準，咸、同之間，還定粤、捻，均收其助。內盟諸爵，始皆世封。乾隆之末，外札薩克以逮回部，皆予罔替。今按舊表，傳襲多者至十數次，可謂盛矣。凡札薩克皆有分土，三代諸侯，殆無以異。故雖台吉，亦所備列。閒散王公，以有世爵，亦不略焉。

初封	一次襲	二次襲	三次襲	四次襲	五次襲	六次襲	七次襲	八次襲	九次襲	十次襲	十一次襲	十二次襲	十三次襲	十四次襲	十五次襲	十六次襲

科爾沁部扎薩克和碩土謝圖親王。

奧巴元太祖弟哈巴圖哈薩爾之裔。天命十一年，封土謝圖汗。天聰六年

巴達禮奧巴長子。天聰七年，授濟農，襲土謝圖號。崇德元年，封扎薩克

巴雅斯呼朗巴達禮長子。康熙十一年，襲扎薩克和碩土謝圖親

阿喇善巴雅斯呼朗長子。康熙十三年，襲扎薩克和碩土謝圖親王。二

沙津巴達禮次子。初封多羅貝勒，見貝勒表。康熙二十七年，襲扎薩克和

阿喇善康熙四十一年，仍襲扎薩克和碩土謝圖親王。五十年，卒。

鄂勒齊圖阿喇善長子。康熙五十一年，襲扎薩克和碩土謝圖親王。

阿喇布坦鄂勒齊圖長子。康熙五十九年，襲扎薩克和碩土謝圖親

垂扎布阿喇布坦長子。乾隆二十四年，襲扎薩克和碩土謝圖親王。三

納旺垂扎布長子。乾隆三十二年，襲扎薩克和碩土謝圖親王。尋卒。

喇什納木扎勒垂扎布次子。乾隆三十二年，襲扎薩克和碩土

諾爾布璘沁喇什納木扎勒長子。乾隆四十七年，襲扎薩克和碩

色登端魯布諾爾布璘沁子。道光二十年，襲。

巴寶多爾濟色登端魯布子。咸豐六年，襲。光緒十六年，卒。

色旺諾爾布桑寶巴寶多爾濟子。光緒十六年，襲。二十七年，

業喜海順色旺諾爾布桑寶嗣子。光緒二十八年，襲。

卒。
和碩土謝圖親王，詔世襲罔替。康熙十年，卒。
王。尋卒。
十七年，以惰職削。
碩土謝圖親王。四十一年，以罪削。
五十九年，卒。
王。乾隆二十四年，卒。
十二年，卒。
謝圖親王。四十七年，卒。
土謝圖親王。道光二十年，卒。
遇害。

科爾沁部	多羅貝勒。
沙津	康熙十四年，以軍功
阿必達	沙津長子。康熙
多爾濟	阿必達長子。雍
特古斯額爾克	
古穆扎布	特古斯額
三音濟雅圖	古穆
達爾瑪扎普	三音
三音瑚比圖	達爾
旺楚克林沁	三音
達木林旺濟勒	
敏珠爾色丹	達木
凱畢	敏珠爾色丹從弟。光

科爾	封多羅貝勒，詔世襲罔替，後襲扎薩克土謝圖和碩親王。見親王表。
滿珠	三十三年，襲多羅貝勒。六十一年，卒。
和塔	正元年，襲多羅貝勒。乾隆十一年，卒。
班第	圖多爾濟長子。乾隆十一年，襲多羅貝勒。二十四年，卒。
羅卜	爾克圖長子。乾隆二十四年，襲多羅貝勒。嘉慶四年，卒。
色布	扎布子。嘉慶四年，襲多羅貝勒。道光三年，卒。
色旺	濟雅圖長子。道光三年，襲。二十一年，革。
旺扎	瑪扎普弟。道光二十一年，襲。
丹會	瑚比圖子。道光二十八年，襲。
布彥	旺楚克林沁弟。咸豐十一年，襲。
索特	林旺濟勒兄。光緒七年，襲。
棍布	緒十三年，襲。宣統二年，卒。
那木	

沁部扎薩克和碩達爾漢親王。

習禮土謝圖汗奧巴從子，追封福親王莽古斯之孫，忠親王宰桑之子。崇

滿珠習禮長子。康熙四年，襲扎薩克和碩達爾漢親王，停襲巴圖魯號。八年，卒。

和塔長子。康熙十年，襲扎薩克和碩達爾漢親王。四十九年，卒。

臧衮布班第長子。康熙四十九年，襲扎薩克和碩達爾漢親王。乾隆十

騰巴勒珠爾羅卜臧衮布第三子。乾隆十七年，襲扎薩克和碩達

諾爾布羅卜臧衮布次子。乾隆二十年，襲扎薩克和碩達爾漢親王。三

勒多爾濟色旺諾爾布長子。乾隆三十九年，襲扎薩克和碩達爾漢

旺布旺扎勒多爾濟長子。嘉慶三年，襲扎薩克和碩達爾漢親王。十三年，

溫都爾瑚丹曾旺布長子。嘉慶十三年，襲扎薩克和碩達爾漢親王。

那木朋素克布彥溫都爾瑚之子。道光十八年，襲。二十八年，賜還

旺濟勒索特那木朋素克子。同治十三年，襲。

濟勒色楞棍布旺濟勒子。光緒十年，襲。

德元年，封扎薩克多羅巴圖魯郡王，詔世襲罔替。順治九年，賜達爾漢號。十九

七年，卒。

爾漢親王。二十年，從征準噶爾有功，賜雙俸。尋以罪削，後復封和碩親王。別有

十八年，卒。

親王。嘉慶三年，卒。

卒。

道光元年，因事革扎薩克。十八年，卒。

扎薩克。

科爾沁部和碩卓哩	
烏克善達爾漢親王滿	年，晉和碩達爾漢巴圖魯親王。康熙四年，卒。
畢勒塔噶爾烏克	
鄂齊爾畢勒塔噶爾長	
都勒巴烏克善第六子。	
巴特瑪都勒巴長子。康	表。
阿勒坦格呼勒	
扎木巴勒扎木	
恭格喇布坦扎木	
拉旺恭格喇布坦長子。乾	
噶勒桑棟羅布	
巴圖噶勒桑棟羅布子。道	
濟克登旺庫爾	
丹色里特旺珠	
額爾德木畢里	
色旺端魯布額爾	

克圖親王。	科
珠習禮兄。崇德元年，封和碩卓哩克圖親王，詔世襲罔替。康熙四年，卒。	色
善第三子。康熙五年，襲和碩卓哩克圖親王。六年，卒。	鄂
子。康熙七年，襲和碩卓哩克圖親王。二十一年，以罪削。	鄂
康熙二十一年，襲和碩卓哩克圖親王。二十七年，卒。	濟
熙二十七年，襲和碩卓哩克圖親王。雍正三年，卒。	棍
巴特瑪長子。雍正三年，襲和碩卓哩克圖親王。乾隆元年，卒。	那
素 阿勒坦格呼勒長子。乾隆二年，襲和碩卓哩克圖親王。二十六年，卒。	達
巴勒扎木素長子。乾隆二十六年，襲和碩卓哩克圖親王。六十年，卒。	
隆六十年，襲和碩卓哩克圖親王。	
拉旺長子。嘉慶九年，襲和碩卓哩克圖親王。道光元年，賜扎薩克。六年，卒。	
光六年，襲。二十一年，補備兵扎薩克。	
巴圖子。咸豐十一年，襲。光緒十七年，卒。	
爾 光緒十七年，襲。二十年，卒。	
克圖 丹色里特旺珠爾子。光緒二十年，襲。三十二年八月，卒。	
德木畢里克圖弟。光緒三十四年十二月，襲。	

爾沁部輔國公。

布騰巴勒珠爾　乾隆八年，封輔國公。十七年，襲其父羅卜藏袞

勒哲特穆爾額爾克巴拜　色布騰巴勒珠爾長子。乾

勒哲圖　鄂勒哲特穆爾額爾克巴拜嗣子。乾隆五十九年，襲公品級。嘉

克默特　鄂勒哲圖之姪。嘉慶二十四年，降襲固山貝子。道光六年，補扎

楚克林沁　濟克默特嗣子。道光二十八年，降襲鎮國公。同治十一年，

蘇圖　棍楚克林沁子。光緒十年，降襲輔國公。

賚　那蘇圖子。光緒二十七年，襲。

布爵，後以罪削。見達爾漢親王表。二十一年，復賜公品級。二十三年，封和碩親

隆四十年，襲多羅郡王。四十九年，詔世襲罔替。五十六年八月，因罪革。九月，奉

慶二十四年六月，卒。

薩克。

賜貝子銜。

科爾沁部	
奇塔特達爾	王。三十七年，復削。四十年，以從征金川功，詔復其爵。尋卒。
額爾德尼	恩旨賞公銜，在乾清門行走。五十八年，卒。
畢里克圖	
諾們額爾	
阿旺藏布	
喇什噶勒	
桑濟扎布	
楝默特桑濟	
濟克默特	
那蘭格呼	

科爾	多羅郡王。
綽爾	漢親王滿珠習禮從子。順治六年，封多羅郡王，詔世襲罔替。十年，卒。
鄂齊	奇塔特長子。順治十年，襲多羅郡王。康熙十四年，卒。
巴克	額爾德尼長子。康熙十五年，襲多羅郡王。四十九年，卒。
阿喇	赫圖 畢里克圖長子。康熙四十九年，襲多羅郡王。乾隆八年，卒。
薩木	諾捫額爾赫圖長子。乾隆八年，襲多羅郡王。二十四年，卒。
三音	當 阿旺藏布第四子。乾隆二十四年，襲多羅郡王。嘉慶六年，卒。
色楞	喇什噶勒當次子。嘉慶六年，襲多羅郡王。十年，卒。
八格	扎布弟。嘉慶十年，襲多羅郡王。道光二十一年，卒。
桑嚕	朗布 棟默特之子。道光二十一年，襲。同治十一年，晉親王銜。
昂噶	勒 濟克默特朗布子。光緒三年，襲。
濟克	
濟克	

沁部　多羅貝勒。

濟　達爾漢親王滿珠習禮從子。順治九年，封鎮國公。十八年，晉多羅貝勒，詔

爾　綽爾濟長子。康熙九年，襲多羅貝勒。二十年，卒。

什固爾　鄂齊爾長子。康熙二十一年，襲多羅貝勒。五十九年，卒。

布坦　巴克什固爾長子。康熙五十九年，襲多羅貝勒。雍正十三年，卒。

丕勒扎木素　阿喇布坦第四子。雍正十三年，襲多羅貝勒。乾隆二

察袞　薩木丕勒扎木素嗣子。乾隆二十二年，襲多羅貝勒。嘉慶十五年，卒。

多爾濟　三音察袞長子。嘉慶十五年，襲多羅貝勒。道光三年，卒。

拉普坦　色楞多爾濟子。道光三年，襲。

布多特賽　八格拉普坦子。咸豐九年，襲。

扣　桑嚕布多特賽從弟。同治五年，襲。光緒九年十一月，卒。

登達克齊瓦　昂噶扣子。光緒十年，襲。三十一年，卒。

登諾爾布林沁扎木蘇　濟克登達克齊瓦子。光緒三十

科爾沁部固山貝子。	
喇什貝勒綽爾濟孫。雍正二年，封輔國公。四年，	世襲罔替。康熙七年，卒。
達爾瑪達都喇什長子。初封鎮國公，賜	
班珠爾達爾瑪達都長子。乾隆十八年，襲固	
錫第班珠爾長子。初授二等台吉。乾隆五十一	
阿舒噶錫第子。嘉慶二十五年，襲。道光七年，	十二年，卒。
阿敏烏爾圖阿舒噶子。道光七年，襲。	
班咱喇克散阿敏烏爾圖子。光緒七年，	
林沁多爾濟	
揚桑巴拉林沁多爾濟弟。光緒二十八年	
	二年五月，襲。

科爾沁部輔國	
烏爾呼瑪勒	晉固山貝子。乾隆十五年，卒。
瑪哈瑪育爾	貝子品級。乾隆十五年，襲固山貝子。十八年，卒。
錫達什哩瑪哈	山貝子。四十九年，詔世襲鎮國公罔替。五十一年，卒。
巴圖錫達什哩之子。	年，襲固山貝子。嘉慶二十五年，卒。
雲端帕爾賚	卒。
哈斯巴圖爾	
	襲。
	八月，襲。

公。

達爾漢親王滿珠習禮孫。雍正二年，封輔國公。七年，晉固山貝子。十年，卒。

烏爾呼瑪勒長子。雍正十年，降襲輔國公。乾隆三十五年，卒。

瑪育爾長子。乾隆三十五年，襲輔國公。四十九年，詔世襲罔替。道光八年，卒。

道光八年，襲。

巴圖子。咸豐三年，襲。

雲端帕爾賚從弟。光緒三年，襲。

科爾沁部	輔國公。
圖納赫	卓哩克圖親王烏克善次子。順治十八年，封輔國公，詔世襲罔
布尼	圖納赫次子。康熙二十七年，襲輔國公。六十一年，卒。
薩瑪第	布尼長子。康熙六十一年，襲輔國公。雍正六年，卒。
喇什色旺	薩瑪第長子。雍正六年，襲輔國公。乾隆三十年，卒。
色當噶瑪勒	喇什色旺次子。乾隆三十年，襲輔國公。嘉慶三年，卒。
諾爾布	色當噶瑪勒子。嘉慶三年，襲輔國公。道光二年，卒。
博囉特	諾爾布長子。道光二年，襲輔國公。十一年，卒。
帕拉巴	博囉特之子。道光十一年，襲輔國公。
齊默特多爾	帕拉巴弟。同治元年，襲。
德勒格爾蒙克	齊默特多爾子。光緒元年，襲。
多爾濟	光緒三十年四月，襲。

	科爾沁部輔國公。
替。康熙二十七年，卒。	噶爾弼　卓哩克圖親王烏克善孫。雍正二年，封輔
	察罕達喇　噶爾弼長子。乾隆三年，襲輔國公。七
	諾觀達喇　察罕達喇長子。乾隆七年，襲輔國公。
	旺親　諾觀達喇第三子。嘉慶七年，襲輔國公。

	科爾沁部輔國公。
國公。乾隆三年，卒。	哈達貝子喇什第三子。乾隆十五年，封輔國公。
年，卒。	巴特瑪哈達長子。嘉慶八年，襲輔國公。道光五年，
嘉慶七年，卒。	

科爾沁部扎薩克多羅扎薩克圖郡王。	
布達齊土謝圖汗奧巴弟。天命十一年，賜扎薩克	
拜斯噶勒布達齊長子。順治二年，襲扎薩克多	病故，奉旨削除公爵。
鄂齊爾拜斯噶勒長子。順治十四年，襲扎薩克多	
薩祜拉克鄂齊爾第六子。康熙五十七年，襲扎	
沙津德勒格爾薩祜拉克。長子。雍正九年，	
納旺色布騰沙津德勒格爾長子。乾隆十四	
喇什端羅布納旺色布騰長子。乾隆四十九	
敏珠爾多爾濟喇什端羅布長子。嘉慶三	
索諾那木倫布木敏珠爾多爾濟之子。	
達特巴扎木蘇索諾那木倫布木子。同治	
根敦占散達特巴扎木蘇嗣子。同治十二年，襲。	
烏泰根敦占散嗣子。光緒七年，襲。	

圖杜稜號。崇德元年，封扎薩克多羅扎薩克圖郡王，詔世襲罔替。順治元年，卒。
羅扎薩克圖郡王。十四年，卒。
羅扎薩克圖郡王。康熙五十七年，卒。
薩克多羅扎薩克圖郡王。雍正九年，卒。
襲扎薩克多羅扎薩克圖郡王。乾隆十四年，卒。
年，襲扎薩克多羅扎薩克圖郡王。四十九年，卒。
年，襲扎薩克多羅扎薩克圖郡王。嘉慶三年，卒。
年，襲扎薩克多羅扎薩克圖郡王。道光十四年，卒。
道光十四年，襲。
六年，襲。

科爾沁部 扎薩克多羅冰圖郡王。

洪果爾 達爾漢親王滿珠習禮叔父。崇德元年，封扎薩克多羅冰圖郡

額森 洪果爾長子。順治三年，襲扎薩克多羅冰圖郡王。康熙四年，卒。

額濟音 額森長子。康熙五年，襲扎薩克多羅冰圖郡王。三十五年，卒。

達達布 額濟音長子。康熙三十五年，襲扎薩克多羅冰圖郡王。四十六

宜什班第 達達布長子。康熙四十六年，襲扎薩克多羅冰圖郡王。乾

喇特納扎木素 宜什班第長子。乾隆十二年，襲扎薩克多羅冰

桑對扎布 喇特納扎木素長子。乾隆四十一年，襲扎薩克多羅冰圖

羅卜藏占散 桑對扎布長子。乾隆四十七年，襲扎薩克多羅冰圖

林沁扎勒參 羅卜藏占散孫。嘉慶十九年，襲。

錫里巴咱爾 林沁扎勒參子。咸豐八年，襲。

敏魯普扎布 錫里巴咱爾子。光緒三年，襲。三十年正月，卒。

棍楚克蘇隆 敏魯普扎布子。光緒三十年，襲。

科爾沁部扎薩克博多勒噶台親王。	
棟果爾冰圖郡王洪果爾從子。崇德元年,封	王,詔世襲罔替。六年,卒。
彰吉倫棟果爾長子。順治五年,襲多羅貝勒。	
布達禮彰吉倫長子。康熙三年,襲扎薩克多	
扎噶爾布達禮長子。康熙二十三年,襲扎薩	年,卒。
岱布扎噶爾長子。康熙二十四年,襲扎薩克多	隆十二年,卒。
阿喇布坦岱布長子。康熙四十九年,襲扎	圖郡王。四十一年,卒。
羅卜藏喇什岱布次子。康熙五十五年,	郡王。四十七年,卒。
齊默特多爾濟羅卜藏喇什長子。乾	郡王。嘉慶十九年卒。
巴勒珠爾羅卜藏喇什次子。乾隆四十七	
索特納木多布齋巴勒珠爾長子。	
僧格林沁索特納木多布齋嗣子。道光五	
伯彥訥謨祜僧格林沁子。同治四年,襲。	
阿穆爾靈圭伯彥訥謨祜孫。光緒十七	

鎮國公。八年，卒。順治五年，追封多羅貝勒。

七年，晉扎薩克多羅郡王，詔世襲罔替。康熙三年，卒。

羅郡王。二十三年，卒。

克多羅郡王。二十四年，卒。

羅郡王。四十九年，卒。

薩克多羅郡王。五十五年，卒。

襲扎薩克多羅郡王。乾隆三年，卒。

隆三年，襲扎薩克多羅郡王。四十七年，卒。

年，襲扎薩克多羅郡王。四十八年，卒。

乾隆四十八年，襲扎薩克多羅郡王。道光五年，卒。

年，襲。咸豐四年，晉親王，賜博多勒噶台號。五年，世襲罔替。十年八月，革；九月，復

光緒十七年十月，卒。

年，襲。

科爾沁

色布騰

索諾木

納遜巴

郡王。十一年，復親王。同治二年，詔仍世襲罔替。四年四月，陣亡。

部輔國公。

多爾濟郡王阿喇布坦長子。乾隆三年，封固山貝子。八年，卒。

色稜色布騰多爾濟長子。乾隆八年，降襲鎮國公。三十六年，卒。

圖索諾木色稜長子。乾隆三十六年，降襲輔國公。嘉慶十二年，卒。奉旨：「納

科爾沁	
喇嘛什	
色稜喇嘛	
都什轄	遜巴圖所出輔國公之爵，既非因軍續所得，著毋庸承襲。
圖努瑪	
喇嘛扎	
布延德	
敏珠爾	
薩木丕	
色旺多	
多布沁	
烏勒濟	
特古斯	
喇什敏	

部 扎薩克鎮國公。

希 土謝圖汗奧巴從弟。崇德元年，封扎薩克鎮國公，詔世襲罔替。順治四年，

什希 長子。順治五年，襲扎薩克鎮國公。十八年，卒。

爾 色稜長子。順治十八年，襲扎薩克鎮國公。康熙三十六年，卒。

勒 都什轄爾長子。康熙三十六年，襲扎薩克鎮國公。雍正三年，卒。

布 圖努瑪勒長子。雍正三年，襲扎薩克鎮國公。乾隆十九年，卒。

勒格爾 喇嘛扎布第三子。乾隆十九年，襲扎薩克鎮國公。二十年，以罪

多爾濟 布延德勒格爾從子。乾隆二十年，襲扎薩克鎮國公。三十三年，

勒扎木素 敏珠爾多爾濟長子。乾隆三十三年，襲扎薩克鎮國公。嘉

爾濟 薩木丕勒扎木素長子。嘉慶七年，襲扎薩克鎮國公。道光十三年，革

旺丹 色旺多爾濟之子。道光十四年，襲。二十年，卒。

濟爾噶勒 多布沁旺丹弟。道光二十年，襲。

畢里克圖 烏勒濟濟爾噶勒子。同治十一年，襲。光緒十四年二月，卒。

珠爾 光緒十五年，襲。

	科爾沁部多羅貝勒。
卒。	伯彥訥謨祜僧格
	那爾蘇伯彥訥謨祜子。
	阿穆爾靈圭光緒
	溫都蘇光緒十七年十
	阿勒坦鄂齊爾
削。	
卒。	
慶七年，卒。	
去扎薩克，命伊子多布沁旺丹襲扎薩克。十四年，卒。	

科爾沁	
朗布林	林沁子。咸豐五年，封輔國公。同治三年，晉貝勒。四年，襲親王。
布彥圖	同治四年，襲貝勒。光緒十六年，卒。
布彥巴	十六年，襲。十七年十一月，改襲博多勒噶台親王。
博迪蘇	一月，襲。十九年，卒。
	溫都蘇子。光緒十九年，襲。

部輔國公。	科爾沁
沁僧格林沁兄。咸豐五年，封輔國公。	溫都蘇
固魯克齊朗布林沁子。咸豐八年，襲。	那遜巴
哩克齊布彥圖固魯克齊兄。同治十年，襲。光緒十年，卒。	那遜阿

部輔國公。	扎賚特
僧格林沁次孫。同治四年，封輔國公。光緒十七年，襲多羅貝勒。	蒙袞元太
達爾呼	色稜蒙袞
爾畢吉呼光緒二十六年五月，襲。	畢里克
	納遜畢里
	特古斯
	烏察喇
	羅卜藏
	阿穆祜
	瑪什巴
	拉木棍
	阿勒坦
	旺喇克
	巴特瑪

部扎薩克多羅貝勒。

祖弟哈巴圖哈薩爾之裔。天命九年，賜達爾漢和碩齊號。崇德八年，卒。順治五

長子。順治五年，襲固山貝子，領扎薩克。康熙三年，卒。

色稜長子。康熙三年，襲扎薩克固山貝子。十六年，卒。

克長子。康熙十七年，襲扎薩克固山貝子。四十二年，卒。

納遜長子。康熙四十二年，襲扎薩克固山貝子。雍正十年，晉多羅貝勒。乾隆五

勒圖特古斯長子。乾隆五年，襲扎薩克多羅貝勒。二十一年，卒。

錫拉布烏察喇勒圖長子。乾隆二十一年，襲扎薩克多羅貝勒。三十八

朗羅卜藏錫拉布長子。乾隆三十八年，襲扎薩克多羅貝勒。四十九年，詔世

圖阿穆祜朗長子。乾隆五十一年，襲扎薩克多羅貝勒。道光十四年，卒。無子，

布扎布瑪什巴圖之族弟。道光十四年襲。咸豐五年，賜王銜。十一年，晉

鄂綽爾拉木棍布扎布子。咸豐十一年，襲。

帕勒齊阿勒坦鄂綽爾子。同治十一年，襲。光緒三十一年，卒。

喇布坦旺喇克帕勒齊嗣子。光緒三十三年，襲。

	杜爾伯特部扎薩克固山貝子。
年，追封固山貝子，詔世襲罔替。	色稜 元太祖弟哈巴圖哈薩爾之裔。崇德
	諾爾布 色稜長子。康熙九年，襲扎薩克
	沙津 諾爾布從孫。康熙十年，襲扎薩克固
	巴圖 沙津長子。康熙五十八年，襲扎薩克
年，卒。	班珠爾 巴圖長子。雍正七年，襲扎薩克
	色布騰棟囉布 班珠爾長子。乾
年，卒。	丹珠爾 巴圖次子。乾隆九年，襲扎薩克
襲罔替。五十一年，卒。	納木扎勒多爾濟 丹珠爾嗣
以族弟拉木棍布扎布承祀。	羅布彰 納木扎勒多爾濟叔父。乾隆二
郡王，襲三世。	博第 羅布彰弟。乾隆三十年，襲扎薩克固
	賽音畢里克 博第長子。乾隆五十
	喇特納巴拉 賽音畢里克長子。乾
	鄂綽爾琥雅克圖 喇特納巴
	貢噶綽克坦 鄂綽爾琥雅克圖子。
	格里克巴勒珠爾 貢噶綽克
	喇什綳蘇克 格里克巴勒珠爾子。
	什呼布勞丕勒 光緒二十六年，

元年，封輔國公。順治五年，晉扎薩克固山貝子，詔世襲罔替。康熙八年，卒。

固山貝子。十年，卒。

山貝子。五十八年，卒。

固山貝子。雍正七年，卒。

固山貝子。乾隆四年，卒。

隆四年，襲扎薩克固山貝子。八年，卒。

固山貝子。十九年，卒。

子。乾隆十九年，襲扎薩克固山貝子。二十四年，卒。

十四年，襲扎薩克固山貝子。三十年，卒。

山貝子。五十五年，卒。

五年，襲扎薩克固山貝子。五十七年，卒。

隆五十七年，襲扎薩克固山貝子。嘉慶十五年，卒。

拉弟。嘉慶十五年，襲扎薩克固山貝子。

道光二十七年，襲。

坦子。同治九年，襲。

同治十年，襲。光緒二十三年，卒。

襲。

郭爾羅斯部	鎮國公。
布木巴	元太祖弟哈巴圖哈薩爾之裔。順治五年，封扎薩克鎮國公，詔
扎爾布	布木巴長子。順治十一年，襲扎薩克鎮國公。康熙四年，卒。
安達什哩	扎爾布長子。康熙四年，襲扎薩克鎮國公。四十一年，卒。
巴圖	安達什哩長子。康熙四十二年，襲扎薩克鎮國公。乾隆五年，卒。
多爾濟	巴圖長子。乾隆五年，襲扎薩克鎮國公。二十年，卒。
索諾木扎木素	多爾濟長子。乾隆二十年，襲扎薩克鎮國公。二
錫喇博第	索諾木扎木素長子。乾隆二十四年，襲扎薩克鎮國公。四
固嚕扎布	錫喇博第長子。乾隆四十二年，襲扎薩克鎮國公。道光九
楊贊巴拉	固嚕扎布子。道光九年，襲。
噶爾瑪什迪	楊贊巴拉次孫。同治二年，襲。光緒九年，緣事削扎薩
達木林札布	噶爾瑪什迪子。光緒二十八年，襲。

	郭爾羅斯部扎薩克一等台吉。
世襲罔替。十一年，卒。	畢里袞鄂齊爾鎮國公布木巴從孫。康熙
	察袞畢里袞鄂齊爾次子。康熙五十三年，襲扎薩克
	都噶爾札布察袞第四子。乾隆十一年，襲扎
	阿喇布坦都噶爾扎布從弟。乾隆二十年，襲扎
十四年，卒。	
十二年，卒。	
年，卒。	
克。二十六年，卒。	

郭爾羅斯	
固穆 扎薩克台	三十五年，授一等台吉。四十七年，授扎薩克。五十三年，卒。
桑噶爾齊	一等台吉。乾隆十一年，以病罷。
昂哈 固穆長子。	薩克一等台吉。十九年，以溺職削。
莽塞 昂哈長子。	薩克一等台吉。六十年，卒。
諾爾布 莽塞	
策旺札布	
額勒登額	
恭格喇布	
綽克溫都	
恩克托克	
阿勒坦鄂	
圖普烏勒	
齊莫特散	

部

扎薩克輔國公。

吉畢里袞鄂齊爾從祖。崇德元年，封扎薩克輔國公，詔世襲罔替。八年，卒。

固穆弟。順治五年，襲扎薩克輔國公。七年，卒。

順治七年，襲扎薩克輔國公。康熙十八年，卒。

康熙十八年，襲扎薩克輔國公。二十六年，以罪削扎薩克，留公爵。五十八年，卒。

長子。康熙五十八年，襲輔國公。雍正五年，卒。

諸爾布長子。雍正五年，襲輔國公。十年，卒。

策旺扎布長子。雍正十年，襲輔國公。乾隆二十二年，卒。

坦

額勒登額長子。乾隆二十二年，襲輔國公。六十年，襲扎薩克。嘉慶三年，卒。

爾恩克巴拜

恭格喇布坦長子。嘉慶三年，襲扎薩克輔國公。十三

托琥

綽克溫都爾恩克巴拜弟。嘉慶十三年，襲扎薩克輔國公。道光二年，

齊爾

恩克托克托琥長子。道光二年，襲。

濟圖

阿勒坦鄂齊爾子。同治九年，襲。光緒二十三年，卒。

帔勒

圖普烏勒濟圖孫。光緒二十三年十一月，襲。

郭爾羅斯部 扎薩克一等台吉。	
巴雅斯呼朗 鎮國公噶爾瑪什迪同族。光緒九年，授扎薩克	
勒蘇隆扎布 巴雅斯呼朗子。光緒二十年，襲。	
布彥楚克 勒蘇隆扎布子。光緒三十一年，襲。	
	年，卒。
	卒。

喀喇沁部扎薩克王品級多羅杜稜郡王。	
固嚕思奇布　元臣濟拉瑪之裔。初爲喀喇沁塔布囊。天	一等台吉。
圖巴色稜　固嚕思奇布長子。順治十五年，襲扎薩克多羅	
班達爾沙　固嚕思奇布第三子。康熙三年，襲扎薩克多羅	
札什　固嚕思奇布次子。康熙十一年，襲扎薩克多羅杜稜郡王。	
噶勒藏　扎什次子。康熙四十三年，襲扎薩克多羅杜稜郡王。	
色稜　扎什第三子。康熙五十年，襲扎薩克多羅杜稜郡王。五十	
伊達木扎布　色稜次子。康熙五十六年，襲扎薩克多羅	
喇特納錫第　伊達木扎布長子。乾隆四年，襲扎薩克多	
端珠布色布騰　喇特納錫第長子。乾隆五十二年二	
滿珠巴咱爾　端珠布色布騰長子。乾隆五十二年，襲扎	
布呢雅巴拉　滿珠巴咱爾子。道光八年，襲。十六年，卒。	
色伯克多爾濟　布呢雅巴拉子。道光十六年，襲。	
旺都特那木濟勒　色伯克多爾濟子。同治七年，襲。	
貢桑諾爾布　旺都特那木濟勒子。光緒二十四年，襲。	

聽九年，授扎薩克。崇德元年，封固山貝子，賜多羅杜稜號。順治七年，晉多羅杜
杜稜貝勒。康熙三年，卒。
杜稜貝勒。七年，晉多羅杜稜郡王。十年，卒。
四十三年，卒。
五十年，以罪削。
六年，卒。
杜稜郡王。乾隆四年，卒。
羅杜稜郡王。四十八年，賜親王品級。五十二年，卒。
月，襲扎薩克多羅杜稜郡王。八月，卒。
薩克多羅杜稜郡王。五十三年，賜親王品級。道光八年，卒。
光緒二十四年三月，卒。

喀喇沁部輔國公。	
敏珠爾喇布坦原襲杜稜郡王	稜貝勒，詔世襲罔替。十五年，卒。
丹津達爾扎敏珠爾喇布坦長子。	
永庫爾忠丹津達爾扎長子。乾隆五	
拉旺立克森永庫爾忠子。道光五	

喀羅阿拉瑪布班維林特
噶勒藏次子。乾隆八年，封輔國公。二十四年，晉固山貝子。二十五年，卒。
乾隆二十五年，降襲鎮國公。五十八年，卒。
十八年，降襲輔國公。道光五年，卒。
年，襲。

喇沁部輔國公。

卜藏車布登 杜稜郡王色稜長子。雍正九年，封輔國公。乾隆九年，

喇布坦 羅卜藏車布登長子。乾隆九年，襲輔國公。二十年，卒。

扎布 阿喇布坦長子。乾隆二十年，襲輔國公。四十九年，詔世襲罔替。嘉慶

哈達爾瑪 拉扎布長子。嘉慶二年，襲輔國公。十八年，卒。

呢雅什哩 瑪哈達爾瑪子。嘉慶十八年，襲。二十年，卒。

咱什哩 布呢雅什哩胞弟。嘉慶二十年，襲。

嚕普仲奈 班咱什哩子。咸豐三年，襲。光緒八年，卒。

沁多爾濟 維嚕普仲奈子。光緒八年，襲。

木遜朗扎布 宣統元年，襲。

喀喇沁部	扎薩克多羅貝子。	
色稜	杜稜貝勒固嚕思奇布族祖。初爲喀喇沁塔布囊。天聰九	卒。
奇塔特	色稜長子。順治十四年，襲扎薩克鎮國公。康熙五年，	
烏特巴拉	奇塔特長子。康熙六年，襲扎薩克鎮國公。三十	二年，卒。
善巴喇什	奇塔特次子。康熙三十年，襲扎薩克鎮國公。五	
僧袞扎布	善巴喇什次子。康熙五十六年，襲扎薩克固山	
瑚圖靈阿	僧袞扎布長子。乾隆七年，襲扎薩克固山貝子。	
濟克濟特扎布	瑚圖靈阿長子。乾隆四十四年，襲扎	
扎拉豐阿	僧袞扎布次子。乾隆七年，封輔國公。十四年，晉	
丹巴多爾濟	扎拉豐阿長子。乾隆四十八年，襲扎薩克	
托恩多	丹巴多爾濟之子。嘉慶十八年，襲。道光十年，卒。	
德木齊札布	托恩多之子。道光十二年，襲。	
熙凌阿	德木齊扎布之子。光緒二年，襲。二十三年十二月，復	

年，授扎薩克。順治五年，封鎮國公，詔世襲罔替。十四年，卒。
卒。
年，卒。
十五年，晉固山貝子。五十六年，卒。
貝子。雍正九年，晉多羅貝勒。乾隆七年，卒。
十四年，以曠職降鎮國公。二十年，詔復貝子。四十四年，卒。
薩克鎮國公。四十五年，以罪削。
固山貝子。二十年，晉多羅郡王。二十一年，以罪削。是年，復由公品級封貝子，尋
固山貝子。五十六年八月，因罪革，以濟克濟特扎布之子喇特納吉爾第爲扎
襲扎薩克。

降輔國公。三十年，復封貝子。四十四年，晉多羅貝勒。四十五年，兼襲扎薩克鎮

薩克一等塔布囊。九月，奉恩旨賞丹巴多爾濟公銜，在乾清門行走。嘉慶十八

	喀喇沁部扎薩克一等塔布囊。
	格呼爾杜稜貝勒固嚕思奇布從
	喀寧阿格呼爾從子。康熙五十九
	齊齊克喀寧阿長子。乾隆五年，襲
	瑪哈巴拉齊齊克長子。乾隆四
	德勒格爾瑪哈巴拉之長孫。道
	阿育爾扎那德勒格爾子。同
	漢嚕扎布光緒十七年，襲。
國公。四十八年，晉多羅郡王。尋卒。	
年，卒。	

孫。初襲其父茂秀一等塔布囊。康熙四十四年，授扎薩克。五十八年，卒。

年，襲扎薩克一等塔布囊。乾隆五年，卒。

扎薩克一等塔布囊。十九年，賜公品級。三十九年，卒。

十年，襲公品級扎薩克一等塔布囊。四十九年，詔世襲扎薩克罔替。五十三年，

光二十四年，襲扎薩克一等塔布囊。

治八年，襲。光緒十七年，卒。

喀喇	
丹巴	
丹津	
托克	
溫都	封輔國公。道光九年，賞給貝子銜。十七年，賞給貝勒銜。二十四年，卒。
吹扎	
色楞	
薩納	
布琳	
德哩	
僧格	
巴布	

沁部 輔國公。

扎薩克塔布囊格哷勒從叔父。雍正九年，從征準噶爾，力戰卒。追封輔國公，詔

丹巴長子。雍正十年，襲輔國公。乾隆十八年，卒。

托瑚 丹津長子。乾隆十八年，襲輔國公。二十二年，卒。

爾瑚 丹津第三子。乾隆二十二年，襲輔國公。

卜朗新 溫都爾瑚長子。嘉慶四年，襲輔國公。十一年，卒。

多爾濟 吹扎卜朗新子。嘉慶十一年，襲輔國公。

什哩 色楞多爾濟胞弟。嘉慶二十二年，襲。

薩納什哩胞弟。道光元年，襲。

克呢瑪 布琳族弟。道光五年，襲。

札布德哩 克呢瑪子。同治八年，襲。光緒三十四年，卒。

色楞 宣統元年，襲。

世襲罔替。	喀喇沁部	扎薩克一等塔布囊。今停。
	喇特納吉爾第	乾隆五十六年，以削鎭國公濟克濟
	克星額	喇特納吉爾第子。嘉慶二十三年，襲。
	布里渾巴拉	克星額子。道光二十七年，襲。
	烏凌阿	布里渾巴拉弟。咸豐二年，襲。五年，晉鎭國公。光緒十
	索特旺	光緒十一年，仍襲扎薩克塔布囊。
	巴特瑪鄂特薩爾	光緒二十二年，襲。二十三年，革。

土默特部扎薩克多羅貝勒。	
善巴元臣濟拉瑪之裔。初爲土默特	特扎布之子爲扎薩克一等塔布囊。
卓哩克圖善巴長子。順治十四	
兆圖卓哩克圖長子。康熙十三年，襲	
額爾德木圖兆圖長子。康熙	年三月，卒。
瑪尼額爾德木圖長子。康熙四十二	
阿喇布坦瑪尼長子。康熙五十	
索諾木巴勒珠爾阿喇	
貢楚克巴勒桑索諾木巴	
濟克默特扎布貢楚克巴	
那遜鄂勒哲依濟克默特	
散巴勒諾爾贊那遜鄂勒	
色淩那木濟勒旺保	

塔布囊。天聰九年，授扎薩克。崇德元年，封達爾漢鎮國公，詔世襲罔替。順治十四年，
年，襲扎薩克達爾漢鎮國公。康熙元年，晉多羅達爾漢貝勒。十三年，卒。
扎薩克多羅達爾漢貝勒。十四年，卒。
十四年，襲扎薩克多羅達爾漢貝勒。四十二年，卒。
年，襲扎薩克多羅達爾漢貝勒。五十二年，卒。
二年，襲扎薩克多羅達爾漢貝勒。乾隆四年，卒。
布坦孫。乾隆五年，襲扎薩克多羅達爾漢貝勒。嘉慶十五年，卒。
勒珠爾次子。嘉慶十五年，襲扎薩克多羅達爾漢貝勒。二十一年，卒。
勒桑子。嘉慶二十一年，襲。道光十三年，卒。
扎布之子。道光十三年，襲。
哲依子。同治元年，襲。九年，緣事削扎薩克。光緒十三年十二月，卒。同治九年，以散巴
散巴勒諾爾贊子。光緒十一年，襲扎薩克一等塔布囊。十四年九月，襲貝勒。

土默特	
巴勒布	卒。
索諾木	
羅卜藏	
班第璘	
袞布多	
達什布	
伊什拉	
旺楚克	
布彥巴	
貢桑珠	
達克丹	勒諾爾贊弟哈斯塔瑪噶襲扎薩克一等塔布囊。光緒六年，卒。

部 喀爾喀多羅貝勒。

冰圖 元太祖裔。初爲喀爾喀台吉。康熙元年，來歸，附土默特。四年，封多羅

巴勒布冰 圖次子。康熙七年，襲多羅貝勒。三十一年，以病罷。

丹巴 索諾木第三子。康熙三十一年，襲多羅貝勒。六十一年，卒。

沁羅卜 藏丹巴第三子。康熙六十一年，襲多羅貝勒。乾隆二十二年，卒。

爾濟 班第璘沁次子。乾隆二十二年，襲多羅貝勒。嘉慶五年，卒。

木濟那 袞布多爾濟長子。嘉慶五年，襲多羅貝勒。十一年，卒。

克巴 達什布木濟那長子。嘉慶十一年，襲多羅貝勒。道光十年，卒。

拉布坦 伊什拉克巴子。道光十年，襲。

達爾呼 旺楚克拉布坦弟。咸豐二年，襲。

爾莫特 布彥巴達爾呼子。同治五年，襲。光緒二十八年，卒。

彭蘇克 光緒二十九年，襲。

土默特部扎薩克固山貝子。	
固穆 元太祖裔。順治五年，封扎薩克鎮國公。康熙二年，晉	貝勒。七年，卒。
袞濟斯扎布 固穆第四子。康熙十三年，襲扎薩克	
拉斯札布 固穆第三子。康熙三十一年，襲扎薩克固	
班第 拉斯扎布長子。康熙三十七年，襲扎薩克固山貝子。	
哈穆噶巴雅斯呼朗圖 班第長子。康熙	
垂扎布 哈穆噶巴雅斯呼朗圖長子。乾隆三十六年，襲	
色布騰棟羅布 垂扎布次子。乾隆三十九年，襲	
色布騰喇什 垂扎布第三子。乾隆五十年，襲扎薩	
朋素克璘親 色布騰喇什叔父。乾隆五十七年，襲	
瑪呢巴達喇 朋素克璘親第四子。嘉慶四年，襲扎	
德勒克色楞 瑪呢巴達喇之子。道光十三年，襲。	
索特那木色登 德勒克色楞子。咸豐七年，襲。	
棍布扎布 索特那木色登子。光緒六年，襲。	

敖漢部扎薩克多	
班第 元太祖裔。崇德	固山貝子，詔世襲罔替。十三年，卒。
墨爾根巴圖	固山貝子。三十一年，以罪削。
扎木素 墨爾根巴	山貝子。三十七年，卒。
垂木丕勒 扎木	四十八年，卒。
垂濟喇什 垂木	四十九年，襲扎薩克固山貝子。乾隆三十六年，卒。
巴特瑪喇什	扎薩克固山貝子。三十九年，卒。
巴勒丹 巴特瑪喇	扎薩克固山貝子。五十年，卒。
德親 巴勒丹長子。乾	克固山貝子。五十七年，以罪削。
德濟特 德親長子。	扎薩克固山貝子。嘉慶四年，以罪削。
達爾瑪吉爾	薩克固山貝子。道光七年，賞給郡王品級。十二年，卒。
達旺多克丹	
色丹諾爾多	
達木林達爾	
勒恩扎勒諾	

羅郡王。

元年，封扎薩克多羅郡王，詔世襲罔替。順治四年，卒。

魯溫布 班第長子。順治四年，襲扎薩克多羅郡王。康熙十年，卒。

圖魯溫布長子。康熙十一年，襲扎薩克多羅郡王。十七年，卒。

素長子。康熙四十七年，襲扎薩克多羅郡王。乾隆十五年，卒。

丕勒長子。乾隆十五年，襲扎薩克多羅郡王。三十三年，卒。

垂濟喇什長子。乾隆三十三年，襲扎薩克多羅郡王。三十八年，卒。

什長子。乾隆三十八年，襲扎薩克多羅郡王。四十七年，卒。

隆四十八年，襲扎薩克多羅郡王。嘉慶五年，以罪削扎薩克。十年，卒。

嘉慶十五年，襲多羅郡王。十四年，仍授扎薩克。十七年，卒。

底 德濟特無子，伊承祀近支之弟達爾瑪吉爾底。嘉慶十八年，襲扎薩克多羅郡

達爾瑪吉爾底子。道光二十九年，襲。

克 達旺多克丹子。同治十二年，襲。

達克 色丹諸爾多克子。光緒五年，襲。二十四年，革扎薩克。二十七年十一月，卒。

爾贊 光緒二十四年十一月，襲扎薩克。二十八年，襲郡王。三十一年正月，被護

敖漢部扎薩克多羅郡王。	
索諾木杜稜郡王班第伯父。順治五年,追封多羅郡王。	
瑪濟克索諾木杜稜長子。順治五年,襲多羅郡王。康熙五年,	
布達索諾木杜稜次子。康熙五年,襲多羅郡王。十三年,卒。	
薩木丕勒布達長子。康熙十三年,襲多羅郡王。二十八年,	
阿敏達賚薩木丕勒長子。康熙二十八年,襲多羅郡王。二	
額色蒙克薩木丕勒次子。康熙二十九年,襲多羅郡王。三	
達什達爾扎薩木丕勒第三子。康熙三十年,襲多羅郡	
瓦勒達達什達爾扎從弟。康熙四十三年,襲多羅郡王。四十	
鄂勒齋圖瓦勒達從弟。康熙四十四年,襲多羅郡王。乾隆	
喇什喇布坦鄂勒齋圖長子。乾隆十三年,襲多羅郡王。	王。
齊默特嚕瓦喇什喇布坦長子。乾隆四十四年,襲多羅	
甘薩巴拉齊默特嚕瓦次子。嘉慶十年,襲多羅郡王。道光	
布彥德勒格呼固魯克齊甘薩巴拉子。道	
察克達爾扎布布彥德勒格呼固魯克齊嗣子。同治	衞砍死。
色凌端魯布察克達爾扎布子。光緒三十二年,襲。宣統	

	敖漢部固山貝子。
	羅卜藏郡王墨爾根巴圖魯溫布孫。雍
以罪削。	垂濟扎勒羅卜藏長子。乾隆十八年，
	德威多爾濟垂濟扎勒長子。乾隆
卒。	諾爾布桑德威多爾濟長子。嘉慶十
十九年，卒。	達克沁諾爾布桑子。道光二十七年，襲。
十年，卒。	德色賚都布光緒十八年，襲。
王。四十三年，卒。	
四年，卒。	
十三年，卒。	
四十四年，卒。	
郡王。嘉慶九年，卒。	
二十三年，卒。	
光二十三年，襲。	
九年，襲。光緒三十二年正月，卒。	
二年，授扎薩克，分置右旗。	

敖桑濟多	
敖	
桑	正七年，封輔國公。十年，晉固山貝子。乾隆八年，晉多羅貝勒。十七年，卒。
濟	降襲固山貝子。四十六年，卒。
多	四十七年，襲固山貝子。四十九年，詔世襲罔替。嘉慶十六年，卒。
	六年，襲固山貝子。
	光緒十七年，遇害。

漢部公品級。

濟扎勒貝勒羅卜藏第三子。乾隆十八年，封輔國公。四十八年，晉固山

克濟扎布桑濟扎勒長子。乾隆五十九年，降襲公品級。

特奇旺丹濟克濟扎布長子。嘉慶十年，降襲二等台吉。

	敖漢部鎮國公。
貝子。五十九年，卒。	羅卜藏錫喇布郡王鄂勒齊圖第三子。初
	納木扎勒多爾濟羅卜藏錫喇布長子。
	烏爾古扎布納木扎勒多爾濟長子。道光九

授二等台吉。乾隆十九年，賜公品級。二十四年，封輔國公。三十三年，晉鎮國公。四十

乾隆四十六年，降襲鎮國公。道光九年，卒。

年，襲輔國公。

奈曼部 扎薩克多羅達爾漢郡王。	
袞楚克 元太祖裔。崇德元年，封扎薩克	年，晉固山貝子。四十六年，卒。
阿罕 袞楚克次子。順治十年，襲扎薩克多	
扎木三 袞楚克第三子。順治十七年，襲	
鄂齊爾 袞楚克孫。初授一等台吉。康熙	
班第 鄂齊爾第六子。康熙二十七年，襲扎	
吹忠 班第長子。康熙四十六年，襲扎薩克	
阿咱拉 班第第三子。康熙五十九年，襲	
拉旺喇布坦 阿咱拉長子。乾隆二	
巴勒楚克 拉旺喇布坦次子。嘉慶八	
阿完都窪底扎布 巴勒楚克	
德木楚克扎布 阿完都窪底扎	
薩噶拉 德木楚克扎布嗣子。同治五年，	
瑪什巴圖爾 薩噶拉子。同治八年，	
蘇珠克圖巴圖爾 瑪什巴圖	

巴	
色	多羅達爾漢郡王，詔世襲罔替。順治十年，卒。
鄂	羅達爾漢郡王。十六年，以罪削。
納	扎薩克多羅達爾漢郡王。康熙十四年，以叛削。
烏	十四年，襲扎薩克多羅達爾漢郡王。二十六年，卒。
璘	薩克多羅達爾漢郡王。四十六年，卒。
桑	多羅達爾漢郡王。五十九年，以罪削。
璘	扎薩克多羅達爾漢郡王。乾隆二十二年，卒。
巴	十二年，襲扎薩克多羅達爾漢郡王。四十九年，詔世襲罔替。嘉慶八年，卒。
索	年，襲扎薩克多羅達爾漢郡王。十四年，卒。
那	子。嘉慶二十四年，襲。
額	布子。道光二十八年，襲。同治四年，追賜親王銜。
額	襲。
札	襲。光緒三十一年九月，卒。
	爾子。光緒三十一年，襲。

林部	扎薩克多羅郡王，親王品級。
布騰	元太祖裔。順治五年，封扎薩克輔國公。七年，晉多羅郡王，詔世襲罔替。康
齊爾	色布騰次子。康熙七年，襲扎薩克多羅郡王。二十二年，卒。
木達克	鄂齊爾長子。康熙二十三年，襲扎薩克多羅郡王。四十二年，卒。
爾衮	鄂齊爾次子。康熙四十三年，襲扎薩克多羅郡王。六十年，卒。
布	烏爾衮長子。康熙六十一年，襲扎薩克多羅郡王。雍正八年，以罪削。
哩達	鄂齊爾第三子。初授二等台吉。雍正三年，以軍功封輔國公。八年，襲扎薩
沁	桑哩達長子。乾隆八年，封輔國公。十三年，襲扎薩克多羅郡王。十九年，賜親王
圖	璘沁次子。乾隆二十一年，襲扎薩克多羅郡王。四十八年，賜親王品級。嘉慶四
勒納木多爾濟	巴圖長子。嘉慶四年，襲扎薩克多羅郡王。十四年，賜
木濟勒旺楚克	索勒納木多爾濟之孫。道光七年，襲。
勒莫斯巴咱爾	那木濟勒旺楚克子。同治九年，襲。
勒奇木巴雅爾	額勒莫斯巴咱爾兄。同治十三年，襲。光緒十六年，卒。
噶爾	額勒奇木巴雅爾子。光緒十七年，襲。

熙六年，卒。
克多羅郡王。乾隆十三年，卒。
品級。二十年，卒。
年，卒。
親王品級。道光七年，卒。

巴林部	輔國公。
德勒克	郡王璘沁長子。乾隆二十一年，
賽尚阿	德勒克嗣子。乾隆五十九年，詔
豐伸泰	賽尚阿長子。嘉慶三年，降襲一

巴林部扎薩克固山貝	
滿珠習禮郡王色布	封輔國公。四十八年，晉固山貝子。五十九年，卒。
烏爾占滿珠習禮長子。	襲輔國公。
鄂齊爾桑烏爾占長	等台吉。
巴特瑪鄂齊爾桑長子。	
諾捫額爾赫圖	
達色諾捫額爾赫圖弟。乾	
薩木丕勒多爾	
多爾濟帕拉木	
噶爾瑪什底多爾	
多爾濟薩木魯	
畢齊那遜多爾濟薩	
堆英固爾扎布	
邑丹那木扎勒	

巴色溫額扎策多阿索色薩

子。

騰從弟。順治五年，封扎薩克固山貝子，詔世襲罔替。康熙十一年，卒。

康熙十二年，襲扎薩克固山貝子。四十五年，卒。

子。康熙四十五年，襲扎薩克固山貝子。五十八年，卒。

康熙五十八年，襲扎薩克固山貝子。乾隆三年，卒。

巴特瑪長子。乾隆三年，襲扎薩克固山貝子。八年，卒。

隆八年，襲扎薩克固山貝子。十二年，卒。

濟達色長子。乾隆十二年，襲扎薩克固山貝子。五十三年，卒。

薩木丕勒多爾濟長子。乾隆五十四年，襲扎薩克固山貝子。道光十年，卒。

濟帕拉木長子。道光十年，襲扎薩克固山貝子。十八年，卒。

布噶爾瑪什底之弟。道光十八年，襲。

木魯布嗣子。咸豐七年，襲。

畢齊那遜嗣子。咸豐七年，襲。光緒二十九年，卒。

旺保光緒二十九年，襲。

林部	固山貝子。
稜	貝子滿珠習禮從弟。順治五年，追封固山貝子，詔世襲罔替。
春	色稜長子。順治五年，襲固山貝子。康熙二十七年，卒。
爾德尼	溫春長子。康熙二十八年，襲固山貝子。五十年，卒。
什納木塔勒	額爾德尼長子。康熙五十年，襲固山貝子。乾隆十二年，卒。
喀敦多克	扎什納木塔勒長子。乾隆十二年，襲固山貝子。十七年，卒。
爾濟喇布坦	策喀敦多克長子。乾隆十七年，襲固山貝子。嘉慶二年，卒。
勒坦桑	多爾濟喇布坦子。嘉慶二年，襲固山貝子。道光二年，卒。
哩雅	阿勒坦桑子。道光二年，襲。
旺諾爾布	索哩雅子。光緒元年，襲。
旺喇普坦	色旺諾爾布子。光緒七年，襲。

扎嚕特部 扎薩克多羅貝勒。

內齊 元太祖裔。順治五年，追封多羅貝勒，詔世襲罔替。

尚嘉布 內齊長子。順治五年，襲多羅貝勒，領扎薩克。十年，卒。

奇塔特 尚嘉布長子。順治十年，襲扎薩克多羅貝勒。十三年，卒。

扎木布 奇塔特長子。順治十三年，襲扎薩克多羅貝勒。康熙二十九年，

畢嚕瓦 扎木布長子。康熙二十九年，襲扎薩克多羅貝勒。雍正十二年，

索諾木 畢嚕瓦長子。雍正十二年，襲扎薩克多羅貝勒。乾隆二十五年，

錫勒塔喇 索諾木第七子。乾隆二十五年，襲扎薩克多羅貝勒。四十

袞布扎布 錫勒塔喇長子。乾隆四十三年，襲扎薩克多羅貝勒。四十

德沁 袞布扎布長子。乾隆四十八年，襲扎薩克多羅貝勒。嘉慶二十三年，

佈木色楞 德沁之子。嘉慶二十三年，襲扎薩克多羅貝勒。道光二十

三音濟爾噶勒 佈木色楞之嗣孫。道光二十一年，襲。

達木林旺濟勒 三音濟爾噶勒弟。同治五年，襲。

琳沁洛依魯布 達木林旺濟勒嗣子。同治八年，襲。

扎嚕特部扎薩克多羅達	
色本貝勒內齊從叔父。順治五	
桑噶爾色本次子。順治五年，	
班達哩桑噶爾長子。康熙五	
畢里克圖班達哩長子。康	卒。
諾捫拉拜畢里克圖第三	卒。
阿第沙諾捫拉拜長子。康熙	卒。
固嚕扎布阿第沙次子。乾	三年，卒。
袞楚克扎布固嚕扎布	八年，卒。
噶勒桑袞楚克扎布次子。乾	卒。
斡珠爾扎布噶勒桑長	一年，卒。無嗣，以族孫三音濟爾噶勒為嗣。
薩達爾斡珠爾扎布之子。道	
諾爾布林沁薩達爾子。	
桑巴諾爾布林沁嗣子。同治七	
多木柴光緒二十八年，襲。	

爾漢貝勒。

年，追封多羅達爾漢貝勒，詔世襲罔替。

襲多羅達爾漢貝勒，領扎薩克。康熙五年，卒。

年，襲扎薩克多羅達爾漢貝勒。二十七年，卒。

熙二十七年，襲扎薩克多羅達爾漢貝勒。四十四年，卒。

子。康熙四十四年，襲扎薩克多羅達爾漢貝勒。四十七年，卒。

四十七年，襲扎薩克多羅達爾漢貝勒。乾隆二十九年，以罪削扎薩克。尋卒。

隆二十九年，襲扎薩克多羅達爾漢貝勒。三十五年，卒。

次子。乾隆三十五年，襲扎薩克多羅達爾漢貝勒。三十九年，卒。

隆三十九年，襲扎薩克多羅達爾漢貝勒。嘉慶七年，卒。

子。嘉慶七年，襲扎薩克多羅達爾漢貝勒。道光七年，卒。

光七年，襲。

咸豐四年，襲。

年，襲。光緒二十六年，卒。

扎嚕特部 鎮國公。

瑪尼 貝勒色本弟。順治五年，追封鎮國公，詔世襲罔替。

茂奇塔特 瑪尼長子。順治五年，襲鎮國公。康熙三十一年，卒。

巴圖 茂奇塔特次子。康熙三十一年，襲鎮國公。四十七年，卒。

素哩 巴圖長子。康熙四十七年，襲鎮國公。雍正三年，卒。

察罕齡華 素哩長子。雍正三年，襲鎮國公。乾隆二十三年，卒。

納遜額爾克圖 察罕齡華長子。乾隆二十三年，襲鎮國公。三十

色稜扎布 納遜額爾克圖長子。乾隆三十七年，襲鎮國公。五十九年，

塔爾清 色稜扎布從弟。乾隆五十九年，襲鎮國公。嘉慶四年，卒。

達爾瑪巴拉 塔爾清長子。嘉慶四年，襲鎮國公。十年，卒。

特固斯巴雅爾 達爾瑪巴拉長子。嘉慶十年，襲鎮國公。十六年，

曼都巴雅爾 特固斯巴雅爾弟。嘉慶十六年，襲鎮國公。

達瓦寧保 曼都巴雅爾子。道光三十年，襲。光緒二十一年，卒。

魯勒瑪扎布 光緒二十二年，襲。

扎嚕特部 公品級一等台吉。

朋素克 初授一等台吉。乾隆四十八年，封輔國公。五十三年，

恩克多爾濟 朋素克長子。乾隆五十三年，襲公品級一

那木桑第 恩克多爾濟之子。嘉慶二十四年，降襲二等台

七年，卒。

卒。

卒。

阿嚕科爾沁部扎薩克多羅貝勒。	
穆彰　元太祖弟哈巴圖哈薩爾之裔。順治元年，封扎薩克固山	卒。
珠勒扎幹　穆彰長子。順治五年，襲扎薩克多羅貝勒。八年，	等台吉。
色稜　珠勒扎幹長子。康熙十七年，襲扎薩克多羅郡王。二十七	吉。
楚依　珠勒扎幹第三子。康熙二十七年，襲扎薩克多羅貝勒。三	
穆寧　楚依長子。康熙四十三年，襲扎薩克多羅貝勒。四十六年，	
旺扎勒　色稜次子。康熙四十八年，襲扎薩克多羅貝勒。雍正	
達克丹　旺扎勒長子。雍正五年，襲扎薩克多羅貝勒。乾隆五	
阿爾達什第　達克丹長子。乾隆五十一年，襲扎薩克多	
多爾濟帕拉木　阿爾達什第長子。嘉慶五年，襲扎薩	
丹錦巴勒桑　多爾濟帕拉木之子。嘉慶二十一年，襲扎	
扎木楊旺舒克　丹錦巴勒桑之弟。道光十一年，襲。二	
拉什仲鼐　扎木楊旺舒克之子。道光二十四年，襲。	
巴咱爾吉哩第　拉什仲鼐子。同治六年，襲。	

翁牛特部扎薩克多	
遜杜稜元太祖弟諤楚	貝子。四年，卒。五年，追封多羅貝勒，詔世襲罔替。
博多和遜杜稜孫。順治	晉多羅郡王。康熙十七年，卒。
畢里袞達賚博多	年，以耽酒削。
蒼津畢里袞達賚次子。康	十年，晉多羅郡王。四十三年，卒。
鄂齊爾博多和次子。初	卒。
羅卜藏鄂齊爾次子。初	五年，卒。
齊旺羅卜藏長子。乾隆三	十一年，卒。
布達扎布齊旺長子。	羅貝勒。嘉慶五年，卒。
旺舒克布達扎布長子。	克多羅貝勒。二十一年，卒。
包多爾濟旺舒克長	薩克多羅貝勒。道光十一年，卒。
拉特那濟爾迪	十四年，卒。
布爾那巴達拉	
贊巴勒諾爾布	

羅杜稜郡王。

因之裔。初爲阿嚕部濟農。崇德元年，封扎薩克多羅杜稜郡王，詔世襲罔替。順治二

二年，襲扎薩克多羅杜稜郡王。十七年，卒。

和長子。順治十八年，襲扎薩克多羅杜稜郡王。康熙三十一年，卒。

熙三十二年，襲扎薩克多羅杜稜郡王。雍正五年，以罪削。

封輔國公，晉固山貝子。見貝子表。雍正五年，襲扎薩克多羅杜稜郡王。十一年，卒。

襲固山貝子，晉多羅貝勒。見貝子表。雍正十一年，襲扎薩克多羅杜稜郡王。乾隆二

年，襲扎薩克多羅杜稜郡王。尋卒。

乾隆三年，襲扎薩克多羅杜稜郡王。四十二年，卒。

乾隆四十二年，襲扎薩克多羅杜稜郡王。六十年，因病罷。

子。乾隆六十年，襲扎薩克多羅杜稜郡王。嘉慶十一年，卒。

包多爾濟子。嘉慶十一年，襲扎薩克多羅杜稜郡王。

拉特那濟爾迪子。咸豐八年，襲。

布爾那巴達拉嗣子。同治元年，襲。

翁牛特部	輔國公。	
鄂齊爾	康熙六十一年，封輔國公。尋晉固山貝子，後襲扎薩克郡	年，卒。
羅卜藏	雍正五年，襲固山貝子。十一年，晉多羅貝勒，後襲扎薩克	
額爾德尼	鄂齊爾長子。雍正十一年，襲固山貝子。尋卒。	
巴勒丹	額爾德尼長子。雍正十一年，襲固山貝子。乾隆三十七年，	
圖捫巴顏	巴勒丹長子。乾隆三十七年，襲固山貝子。	
豐伸保	圖捫巴顏之子。嘉慶二十一年，降襲鎮國公。道光二十三	年，卒。
克什克阿爾比吉呼	豐伸保之子。道光二十三年，襲	
濟克莫特多爾濟	克什克阿爾比吉呼子。光緒十年，襲。	
達爾瑪巴拉	濟克莫特多爾濟子。光緒二十九年，襲。	

王。見郡王表。
郡王。見郡王表。
卒。
年，卒。
輔國公。光緒十年十一月，卒。

翁牛特部鎮國公。

噶爾瑪	郡王遜杜稜從子。初爲喀喇齊
察罕泰	噶爾瑪長子。順治五年，襲鎮國
奇塔特	察罕泰長子。順治十六年，襲鎮
齊旺多爾濟	奇塔特長子。康熙四
索諾木	齊旺多爾濟長子。康熙四十五
恭格喇布坦	索諾木次子。乾隆六
達瓦什哩	恭格喇布坦第四子。乾隆
烏呢濟爾噶勒	達瓦什哩之子。
桑噶巴拉	烏呢濟爾噶勒子。道光十
那宛敦羅布	桑噶巴拉之弟。道光
永隆	那宛敦羅布弟。咸豐七年，襲。
旺布林沁	永隆弟。同治十二年，襲。

翁牛特部		
棟岱青	郡王	哩克台吉。崇德八年，封鎮國公，詔世襲罔替。順治五年，卒。
肯特爾	棟岱	公。十六年，卒。
叟塞	棟岱青次	國公。康熙四十一年，卒。
額璘臣	叟塞	十一年，襲鎮國公。四十五年，卒。
額勒德布		年，襲鎮國公。乾隆六年，卒。
朋素克	額勒	年，襲鎮國公。四十六年，卒。
諾爾布扎		四十六年，襲鎮國公。嘉慶十九年，卒。
濟克濟扎		嘉慶十九年，襲鎮國公。道光十四年，卒。
達瑪琳扎		四年，襲。十六年，緣事革爵。
孟克濟雅		十八年，襲。
寶拜	孟克濟雅	
德木楚克		
花連	德木楚克	

扎薩克多羅達爾漢岱青貝勒。

遜杜稜弟。崇德元年，授扎薩克，賜多羅達爾漢岱青號，詔世襲罔替。順治五年，卒。

青長子。順治五年，襲扎薩克多羅達爾漢岱青。十一年，卒。

子。順治十一年，襲扎薩克多羅達爾漢岱青。尋封固山貝子。十八年，晉多羅貝勒，仍

長子。康熙二十二年，襲扎薩克多羅達爾漢岱青貝勒。二十六年，卒。

鄂齊爾

額璘臣長子。康熙二十六年，襲扎薩克多羅達爾漢岱青貝勒。雍正

德布鄂齊爾長子。雍正八年，襲扎薩克多羅達爾漢岱青貝勒。乾隆三十一年，卒。

木素

朋素克長子。乾隆三十一年，襲扎薩克多羅達爾漢岱青貝勒。四十六年，

布

諾爾布扎木素長子。乾隆四十六年，襲扎薩克多羅達爾漢岱青貝勒。嘉慶二

布

濟克濟扎布次子。嘉慶二年，襲扎薩克多羅達爾漢岱青貝勒。道光元年，病免。

達瑪琳扎布之子。道光元年，襲扎薩克多羅達爾漢岱青貝勒。十一年，卒。

之子。道光十一年，襲。

蘇隆

寶拜子。光緒元年，襲。二十年五月，卒。

蘇隆子。光緒二十一年，襲。

克什克騰部扎薩克一等台	
索諾木元太祖裔。順治九年，授扎	
瑪納瑚索諾木長子。順治十三年，	
阿玉什瑪納瑚長子。康熙十年，襲	達爾漢岱青號。康熙二十二年，卒。
齊巴克扎布阿玉什長子。康	
囊濟特扎布齊巴克扎布長	八年，以病罷。
根敦達爾扎囊濟特扎布長	
旺楚克喇布坦根敦達爾	卒。
弼瑪拉吉爾第旺楚克喇	年，卒。
棍布棟嚕布弼瑪拉吉爾第	
那木濟勒棍布棟嚕布族子。光	
伯克濟雅那木濟勒嗣子。光緒	

喀爾喀左	吉。
袞布伊勒	薩克一等台吉，詔世襲罔替。十三年，卒。
羅卜藏袞布	襲扎薩克一等台吉。康熙十年，卒。
準對羅卜藏長	扎薩克一等台吉。三十四年，卒。
噶勒桑準對	熙三十四年，襲扎薩克一等台吉。乾隆三十六年，以罪削。
阿裕爾噶勒	子。乾隆三十六年，襲扎薩克一等台吉。四十六年，卒。
那穆爾賚	子。乾隆四十六年，襲扎薩克一等台吉。五十七年，以罪削。
班咱什哩	扎長子。乾隆四十八年，襲扎薩克一等台吉。道光二年，卒。
沙克都爾	布坦之子。道光二年，襲。
巴彥巴圖	子。光緒元年，襲。二十一年，卒。
堆固爾蘇	緒二十一年十二月，襲。三十二年，卒。
布林曼都	三十三年正月，襲。
魯勒木色	

翼部扎薩克多羅貝勒。	烏
登元太祖裔。康熙三年，封扎薩克多羅貝勒，詔世襲罔替。二十一年，卒。	多
伊勒登長子。康熙二十一年，襲扎薩克多羅貝勒。四十六年，卒。	察
子。康熙四十六年，襲扎薩克多羅貝勒。五十八年，卒。	素
長子。康熙五十八年，襲扎薩克多羅貝勒。乾隆二十四年，卒。	色
桑第三子。乾隆二十四年，襲扎薩克多羅貝勒。嘉慶元年，卒。	阿
扎布阿裕爾孫。嘉慶元年，襲扎薩克多羅貝勒。二十年，卒。	朋
那穆爾賚扎布之胞弟。嘉慶二十年，襲。是年，卒。	瑪
扎布那穆爾賚扎布之子。嘉慶二十年，襲。道光十年，被害。	巴
爾沙克都爾扎布無子，伊族姪巴彥巴圖爾道光十年，襲。	多
隆巴彥巴圖爾子。同治九年，襲。光緒十六年，卒。	朋
呼光緒十六年，襲。	阿
楞光緒二十三年二月，襲。	索

珠穆沁部扎薩克和碩車臣親王。

爾濟　元太祖裔。崇德六年，封扎薩克和碩車臣親王，詔世襲罔替。順治三年，卒。

罕巴拜　多爾濟孫。順治三年，襲扎薩克和碩車臣親王。十四年，卒。

達尼察罕　巴拜次子。順治十五年，襲扎薩克和碩車臣親王。康熙二十九年，卒。

登敦多布　素達尼長子。康熙三十年，襲扎薩克和碩車臣親王。雍正十一

喇布坦納木扎勒　色登敦多布長子。雍正十一年，襲扎薩克和碩

素克喇布坦　阿喇布坦納木扎勒長子。乾隆十三年，襲扎薩克和碩車

哈索哈　朋素克喇布坦長子。乾隆四十四年，襲扎薩克和碩車臣親王五十

勒珠爾喇布齋　瑪哈索哈長子。乾隆五十五年，襲扎薩克和碩車臣

爾濟濟克默特那木扎勒　巴勒珠爾喇布齋長子。嘉慶十

素克那木濟勒　多爾濟濟克默特那木扎勒之子。道光十四年，襲。光

勒坦呼雅克圖　朋素克那木濟勒孫。光緒十年，襲。

特那木喇布坦　阿勒坦呼雅克圖子。光緒二十四年，襲。

烏珠穆沁部				鎭國
塔旺扎木素				車臣
朋素克喇布坦				
喇什丕勒			朋素	克喇
都噶爾扎布				喇什
桑噶扎布			都噶	爾扎
堆代扎布			桑噶	扎布
達木林		光緒	二十	年十

年，卒。

車臣親王。乾隆十三年，以病罷。

臣親王。四十四年，卒。

五年，卒。

親王。嘉慶十九年，卒。

九年，襲扎克薩和碩車臣親王。道光十四年，卒。

緒十九年九月，卒。

烏珠	公。
德勒	親王素達尼次子。雍正元年，以軍功追封鎮國公。
敦多	塔旺扎木素長子。雍正二年，襲鎮國公。乾隆十七年，卒。
瑪哈	布坦孫。乾隆十七年，襲鎮國公。四十九年，詔世襲罔替。嘉慶三年，卒。
濟克	丕勒次子。嘉慶三年，襲鎮國公。道光十八年，卒。
車淩	布之子。道光十八年，襲。
圖普	子。同治元年，襲。十一年，賞貝子銜。光緒十九年，卒。
喇什	二月，襲。

穆沁部輔國公。

克旺舒克，車臣親王素達尼第三子。乾隆三年，以軍功封輔國公。二十一

布色稜德勒，克旺舒克長子。乾隆二十一年，襲輔國公。三十八年，以病罷。

布爾尼雅敦多，布色稜長子。乾隆三十八年，襲輔國公。四十九年，詔世襲

濟特扎布瑪哈，布爾尼雅長子。嘉慶三年，襲。道光二十年，卒。

多爾濟濟克，濟特扎布子。道光二十年，襲。

沁扎布車淩，多爾濟子。光緒九年，襲。二十年，卒。

光緒二十一年，襲。

烏珠穆沁部扎薩克多羅額爾德尼貝勒。	
色稜車臣親王多爾濟從子。順治三年，封扎薩克多	年，卒。
茂里海色稜孫。康熙十年，襲扎薩克多羅額爾德	
鄂齊爾圖茂里海長子。康熙二十年，襲扎薩克	罔替。嘉慶三年，卒。
博木布茂里海次子。康熙二十七年，襲扎薩克多	
車布登博木布長子。康熙六十年，襲扎薩克多羅	
達什袞布車布登長子。乾隆十八年，襲扎薩克	
旺楚克達什袞布長子。乾隆五十一年，襲扎薩克	
圖克濟扎布旺楚克孫。嘉慶十六年，襲。道光	
達克丹圖克濟扎布子。道光五年，襲。同治十年，賜	
察克都爾色楞達克丹子。光緒三年，襲。十	
育勒濟勒諾爾布察克都爾色楞子。光	
濟爾哈朗育勒濟勒諾爾布近族。光緒十八年，	
棍布蘇倫濟爾哈朗子。光緒三十一年十二月，	

羅額爾德尼貝勒，詔世襲罔替。康熙十年，卒。
尼貝勒。二十年，卒。
多羅額爾德尼貝勒。二十七年，卒。
羅額爾德尼貝勒。六十年，卒。
額爾德尼貝勒。乾隆十八年，卒。
多羅額爾德尼貝勒。五十年，卒。
多羅額爾德尼貝勒。嘉慶十六年，卒。
五年，卒。
郡王銜，襲三世。光緒三年，卒。
年九月，卒。
緒十一年二月，襲。十七年，卒。無子。
襲。十一年十二月，病免。
襲。

浩齊特部扎薩克多
博羅特元太祖裔。順治
阿賴充博羅特長子。順
達爾瑪吉里第
阿嘎尼斯達達爾
車淩喇布坦阿嘎
車布登巴勒珠
齊蘇嚨多爾濟
端多布多爾濟
額林沁諾爾布
吹精扎布額林沁諾
喇特那巴咱爾
都昂多克僧格
色隆托濟勒光緒

羅額爾德尼郡王。

三年，封扎薩克多羅額爾德尼貝勒。七年，晉多羅郡王，詔世襲罔替。十一年，卒。

治十一年，襲扎薩克多羅額爾德尼郡王。康熙。二十五年，卒。

阿賴充長子。康熙二十五年，襲扎薩克多羅額爾德尼郡王。四十九年，卒。

瑪吉里第長子。康熙四十九年，襲扎薩克多羅額爾德尼郡王。雍正九年，卒。

尼斯達長子。雍正九年，襲扎薩克多羅額爾德尼郡王。乾隆二年，卒。

爾車淩喇布坦次子。乾隆二年，襲扎薩克多羅額爾德尼郡王。三十一年，以病罷。

車布登巴勒珠爾長子。乾隆三十一年，襲扎薩克多羅額爾德尼郡王。五十六年，卒。

齊蘇嚨多爾濟長子。乾隆五十六年，襲扎薩克多羅額爾德尼郡王。嘉慶二十二年，

端多布多爾濟子。嘉慶二十二年，襲。

爾布弟。道光十四年，襲。

吹精扎布子。咸豐九年，襲。光緒十八年，卒。

喇特那巴咱爾子。光緒十八年，襲。二十八年，卒。

二十八年，襲。

浩齊特部　扎薩克多羅郡王。

噶爾瑪色旺　額爾德尼郡王博羅特從弟。順治十年，封扎薩

阿喇布坦　噶爾瑪色旺長子。康熙三年，襲扎薩克多羅郡王。十

車布登　阿喇布坦長子。康熙十一年，襲扎薩克多羅郡王。二十六

巴扎爾　車布登長子。康熙二十六年，襲扎薩克多羅郡王。二十九

雅木丕勒　車布登次子。康熙三十年，襲扎薩克多羅郡王。雍正

巴特瑪車凌　雅木丕勒長子。雍正十年，襲扎薩克多羅郡王。

丹津　巴特瑪車凌從子。乾隆三年，襲扎薩克多羅郡王。二十一年，卒。

卒。

達什喇布坦　丹津次子。乾隆二十一年，襲扎薩克多羅郡王。

敏珠爾多爾濟　達什喇布坦長子。乾隆四十二年，襲扎薩

貢楚克棟羅布　敏珠爾多爾濟弟。嘉慶九年，襲。道光九年，

永隆珠爾默特　貢楚克棟羅布子。道光九年，襲。十六年，緣

濟克登噶爾衞章　永隆珠爾默特子。道光十七年，襲扎薩克

貢嘎旺濟勒　濟克登噶爾衞章弟。光緒二年，襲扎薩克郡王。

桑達克多爾濟　貢嘎旺濟勒子。光緒十年，襲。

蘇尼特部扎薩克多羅郡	
騰機思元太祖裔。崇德六年，	克多羅郡王，詔世襲罔替。康熙三年，卒。
騰機特騰機思弟。順治五年，	一年，卒。
薩穆扎騰機思第四子。初封	年，卒。
垂濟恭蘇嚨薩穆扎第	年，卒。
旺辰垂濟恭蘇嚨第三子。雍正	十年，卒。
車凌衮布旺辰長子。乾隆	乾隆三年，卒。
阿爾達什第車凌衮布	
額呼克津阿爾達什第叔	四十二年，卒。
巴勒珠爾雅喇木	克多羅郡王。嘉慶九年，卒。
成扎布巴勒珠爾雅喇木丕	卒。
托迪木布成扎布子。咸豐	事削扎薩克。
綽克蘇倫托迪布木子。光	一等台吉。咸豐二年，兼襲多羅郡王。
棍布車林綽克蘇倫嗣子。	
瑪克蘇爾扎布棍布	

王。

封扎薩克多羅墨爾根郡王，詔世襲罔替。順治二年，以叛削。五年，悔罪，降。旋病沒。詔

襲扎薩克多羅郡王。康熙二年，卒。

多羅貝勒。見貝勒表。康熙三年，襲扎薩克多羅郡王。三十七年，卒。

五子。康熙三十七年，襲扎薩克多羅郡王。雍正九年，卒。

十年，襲扎薩克多羅郡王。乾隆二十八年，卒。

二十八年，襲扎薩克多羅郡王。三十二年，卒。

長子。乾隆三十二年，襲扎薩克多羅郡王。四十六年，卒。

父。乾隆四十七年，襲扎薩克多羅郡王。五十年，卒。

丕勒額呼克津次子。乾隆五十年，襲扎薩克多羅郡王。嘉慶二十五年，卒。

勒子。嘉慶二十五年，襲。咸豐八年，以病削扎薩克。

八年，詔襲扎薩克一等台吉。咸豐十一年，襲多羅郡王。

緒五年，襲。十四年，卒。

光緒十六年五月，襲。十八年，卒。

車林子。光緒十八年三月，襲。

	蘇尼特部多羅貝勒。
仍世襲郡王爵。	薩穆扎　順治六年，封多羅貝勒，詔世襲罔替。後襲扎薩
	博木布　郡王騰機特長子。康熙三年，襲多羅貝勒。三十
	素岱　博木布長子。康熙三十九年，襲多羅貝勒。四十六年，
	西哩　素岱孫。康熙四十六年，襲多羅貝勒。乾隆六年，卒。
	齊旺多爾濟　西哩長子。乾隆六年，襲多羅貝勒。九
	甘珠爾　齊旺多爾濟長子。乾隆九年，襲多羅貝勒。三十
	恭桑扎勒　甘珠爾長子。乾隆三十三年，襲多羅貝勒。
	那木濟勒　恭桑扎勒長子。嘉慶十二年，襲。道光二十
	三達瓦喇　那木濟勒子。道光二十一年，襲。咸豐十年，
	布彥圖　三達瓦喇子。咸豐十年，襲。光緒十四年，卒。
	索特那木多布沁　布彥圖子。光緒十五年，襲。
	郭爾卓爾扎布　索特那木多布沁嗣子。光緒二

蘇尼特部扎薩克多羅杜稜郡王。	
叟塞郡王騰機特族兄。崇德七年，封扎薩克多	克多羅郡王。見郡王表。
沙希岱叟塞次子。順治四年，襲扎薩克多羅	九年，卒。
恭格沙希岱長子。康熙九年，襲扎薩克多羅杜	卒。
勞彰恭格長子。康熙十二年，襲扎薩克多羅杜	
阿玉什沙希岱次子。康熙十四年，襲扎薩克	年，卒。
達爾扎布阿玉什長子。康熙三十二年，襲	三年，卒。
旺青齊蘇嚨達爾扎布長子。雍正七年，	嘉慶十二年，卒。
丹津車凌旺青齊蘇嚨長子。乾隆六年，襲	一年，卒。
朗袞車凌旺青齊蘇嚨子。乾隆九年，襲扎	卒。
車凌多爾濟達爾扎布第三子。乾隆十	
車凌袞布車凌多爾濟長子。乾隆三十四	二十九年，卒。
喇特那錫第車凌袞布長子。嘉慶七年，	十九年十一月，襲。
布爾呢什哩喇特那錫第子。道光六年，	
布達莽噶拉布爾呢什哩子。咸豐五年，	
那木濟勒旺楚克布達莽噶拉子。	
德木楚克棟魯布光緒三十四年，	

蘇尼特部輔國	
噶爾瑪杜稜郡王	羅杜稜郡王，詔世襲罔替。順治三年，卒。
丹津噶爾瑪長子。康	杜稜郡王。康熙九年，卒。
沙哩丹津長子。康熙	稜郡王。十二年，卒。
阿弼達沙哩長子。	稜郡王。十四年，卒。
洛壘阿弼達長子。康	多羅杜稜郡王。三十二年，卒。
扎什喇布坦	扎薩克多羅杜稜郡王。雍正七年，卒。
羅卜藏車凌	襲扎薩克多羅杜稜郡王。乾隆六年，卒。
額璘臣羅卜藏車	扎薩克多羅杜稜郡王。九年，卒。
巴圖鄂齊爾	薩克多羅杜稜郡王。十六年，卒。
布彥特古斯	六年，襲扎薩克多羅杜稜郡王。三十四年，以罪削。
瑪哈什哩布彥	年，襲扎薩克多羅杜稜郡王。嘉慶七年，卒。
特穆爾光緒十六	襲。道光六年，卒。
	襲。
	襲。
	同治二年，襲。光緒三十四年，卒。
	襲。

公。

叟塞長子。順治六年，以不附騰機思叛，詔封多羅貝勒。康熙二年，卒。

熙二年，襲多羅貝勒。十一年，卒。

十一年，襲多羅貝勒。四十三年，卒。

康熙四十三年，降襲輔國公。四十八年，卒。

熙四十八年，襲輔國公。乾隆三十年，卒。

洛壘長子。乾隆三十年，襲輔國公。四十年，以病罷。

扎什喇布坦次子。乾隆四十年，襲輔國公。四十九年，詔世襲罔替。五十三年，卒。

凌子。乾隆五十三年，襲輔國公。

額璘臣子。道光十八年，襲。

巴圖鄂齊爾子。道光二十三年，襲。

特古斯子。同治七年，襲。

年，襲。

阿巴噶部	多羅卓哩克圖郡王。
多爾濟	元太祖弟布格博勒格圖之裔，號額齊格諾顏。崇德六年，封扎
塞爾珍	多爾濟長子。順治二年，襲扎薩克多羅卓哩克圖郡王。康熙八
德木伯勒	塞爾珠長子。康熙八年，襲扎薩克多羅卓哩克圖郡王。十
楚英	德木伯勒長子。康熙十七年，襲扎薩克多羅卓哩克圖郡王。三十年，
色稜	楚英長子。康熙三十年，襲扎薩克多羅卓哩克圖郡王。三十四年，卒。
達瑪璘扎布	楚英次子。康熙三十四年，襲扎薩克多羅卓哩克圖
弼英	德木伯勒次子。康熙三十九年，襲扎薩克多羅卓哩克圖郡王。五十
扎木巴勒扎布	弼英第三子。康熙五十四年，襲扎薩克多羅卓
車凌旺布	扎木巴勒扎布次子。乾隆十六年，襲扎薩克多羅卓哩克
喇特納什第	車凌旺布長子。乾隆四十一年，襲扎薩克多羅卓哩
那木薩賚多爾濟	喇特納什第子。嘉慶二十五年，襲。道光十
薩勒濟勒多爾濟	那木薩賚多爾濟子。道光十六年，襲。
剛噶爾倫布	薩勒濟勒多爾濟子。道光二十九年，襲。光緒十六年，
布彥烏勒哲依	剛噶爾倫布子。光緒十六年，襲。

薩克圖郡王，詔世襲罔替。順治二年，卒。

年，卒。

六年，卒。

卒。

郡王。三十九年，以不稱職削。

四年，卒。

哩克圖郡王。乾隆十六年，卒。

圖郡王。四十一年，卒。

克圖郡王。五十三年，以罪革。五十四年，以其弟巴稜丹色稜爲扎薩克一等台吉。嘉

六年，卒。

卒。

阿巴噶部扎薩克多羅郡王。	
都思噶爾卓哩克圖郡王多爾濟從孫。順治八年，封	
沙克沙僧格都思噶爾長子。順治十一年，襲扎薩	
烏爾彰噶喇布沙克沙僧格長子。康熙二十六	
巴特瑪袞楚克烏爾彰噶喇布長子。康熙五十	
索諾木喇布坦巴特瑪袞楚克長子。雍正元年，	
鼐布坦常忠索諾木喇布坦長子。乾隆三十一年，	
袞布扎布鼐布坦常忠長子。乾隆四十九年，襲扎薩	
嘛尼巴達拉袞布扎布子。乾隆五十三年，襲扎薩	
阿爾塔什迪嘛尼巴達拉子。道光五年，襲。同治元	
瓦津達喇阿爾塔什迪子。同治元年，襲。光緒七年，以	慶二十五年，卒。
楊桑瓦津達喇子。光緒七年，詔襲扎薩克一等台吉。八年，	

阿巴噶部	
多爾濟郡王	扎薩克多羅郡王，詔世襲罔替。十年，卒。
綽博和多爾	克多羅郡王。康熙二十四年，卒。
車凌棟囉	年，襲扎薩克多羅郡王。五十三年，卒。
齊旺車凌棟囉	三年，襲扎薩克多羅郡王。六十一年，卒。
朋素克齊旺	襲扎薩克多羅郡王。乾隆二十年，賜親王品級。三十年，卒。
巴雅爾錫	襲扎薩克多羅郡王。四十八年，卒。
德木楚克	克多羅郡王。五十三年，卒。
堆英固爾	克多羅郡王。道光五年，卒。
貢多桑保	年十一月，卒。
	病告休，仍留郡王爵。八年五月，卒。
	兼襲郡王。二十七年，賜親王銜。

固山達爾漢貝子。

都思噶爾從弟。號達爾漢諾顏。順治三年，封固山達爾漢貝子，詔世襲罔替。十一年，

濟長子。順治十一年，襲固山達爾漢貝子。康熙十五年，卒。

布綽博和長子。康熙十五年，襲固山達爾漢貝子。雍正四年，卒。

布孫。雍正五年，襲固山達爾漢貝子。乾隆二十一年，卒。

孫。乾隆二十一年，襲固山達爾漢貝子。六十年，卒。

第朋素克子。乾隆六十年，襲固山達爾漢貝子。嘉慶二十二年，卒。

達什巴雅爾錫第子。嘉慶二十二年，襲。咸豐元年九月，卒。

扎布德木楚克達什子。咸豐二年，襲。光緒十年六月，

堆英固爾扎布子。光緒十年，襲。

阿巴噶部輔國達爾漢公。	
德木楚克 郡王沙克沙僧格次子。康熙五十四年，封輔國公，賜	卒。
鄂勒齊圖 德木楚克次子。雍正四年，降襲輔國達爾漢公。乾隆	
旺沁扎布 鄂勒齊圖長子。乾隆十六年，襲輔國達爾漢公。三十	
齊巴克扎布 旺沁扎布長子。乾隆三十二年，襲輔國達爾漢	
拉旺多爾濟 齊巴克扎布長子。乾隆五十二年，襲輔國達爾	
薩木丕勒諾爾布 拉旺多爾濟子。道光十二年，襲。二十	
韓克托克塔呼 薩木丕勒諾爾布子。道光二十一年，襲。光	
濟克默特巴寶 韓克托克塔呼子。光緒五年，襲。二十七年，	
布彥托克托呼 濟克默特巴寶從弟。光緒二十八年，襲。是	
蘇特諾木旺楚克 布彥托克托呼子。光緒二十八年，襲。	

達爾漢號。六十一年，晉鎮國公。雍正二年，晉固山貝子，仍兼達爾漢號。三年，卒。
十五年，卒。
二年，卒。
公。四十九年，詔世襲罔替。五十二年，卒。
漢公。道光十二年，卒。
九年六月，卒。
緒五年，卒。
卒。
年，卒。

阿巴噶部 扎薩克一等台吉。

巴勒丹僧格 多羅卓哩克圖郡王喇特那薩弟。乾隆五十四年，授

索諾木圖布欽 多羅卓哩克圖郡王車凌旺布第五子。

杜噶爾布 索諾木圖布欽子。道光十五年，襲。同治六年，卒。

拉哈喇吉勒桑都布 杜噶爾布子。同治七年，襲。十一年，賜

拉哈齊旺楚克 拉哈喇吉勒桑都布子。光緒九年十二月，襲。二

札那密達爾 拉哈喇吉勒桑都布從子。光緒二十四年，襲。二十九

阿巴哈納爾部扎薩克多羅貝勒。	
色稜墨爾根元太祖弟布格博勒格圖	扎薩克一等台吉。
納木喀爾色稜墨爾根長子。康熙十九年，	
布昭納木喀爾次子。康熙二十四年，襲扎薩克	
齊當旺舒克布昭長子。康熙四十八年，	輔國公銜。光緒九年，病免。
索諾木喇布坦齊當旺舒克長子。康	十四年，卒。
納木扎索諾木喇布坦從弟。康熙五十九年，	年，賜鎮國公銜。
達什敏珠爾納木扎長子。雍正十三年，	
車登扎布達什敏珠爾長子。乾隆三十五	
瑪哈巴拉車登扎布長子。乾隆四十四年，	
巴勒楚克瑪哈巴拉子。道光五年，襲。	
綳楚克桑布巴勒楚克子。道光十四年，	
達木定扎布綳楚克桑布弟。道光二十	
旺沁敦都布達木定扎布子。光緒三十	

阿巴哈	
棟伊思	之裔。康熙六年，封扎薩克多羅貝勒，詔世襲罔替。十九年，卒。
袞楚克	襲扎薩克多羅貝勒。二十三年，卒。
額璘臣	多羅貝勒。四十八年，卒。
班珠爾	襲扎薩克多羅貝勒。四十九年，卒。
達克丹	熙四十九年，襲扎薩克多羅貝勒。五十九年，卒。
袞布旺	襲扎薩克多羅貝勒。雍正十三年，卒。
伊達木	襲扎薩克多羅貝勒。乾隆三十五年，卒。
桑齋色	年，襲扎薩克多羅貝勒。四十四年，卒。
多特諾	襲扎薩克多羅貝勒。道光五年，病免。
車林多	
	襲。
	六年，襲。光緒三十年，卒。
	年，襲。

納爾部扎薩克固山貝子。

喇布　貝勒色稜墨爾根弟。康熙四年，封扎薩克固山貝子，詔世襲罔替。二十年，

扎布　棟伊思喇布長子。康熙二十年，襲扎薩克固山貝子。二十四年，卒。

達什　袞楚克扎布長子。康熙二十四年，襲扎薩克固山貝子。五十五年，卒。

額璘臣　達什長子。康熙五十六年，襲扎薩克固山貝子。乾隆十九年，賜貝勒品級。二

朋素克　班珠爾第三子。乾隆二十九年，襲扎薩克固山貝子。五十七年，卒。

扎勒　達克丹朋素克長子。乾隆五十七年，襲扎薩克固山貝子。道光七年，卒。

扎布　袞布旺扎勒子。道光七年，襲。二十四年，卒。

勒特多布　伊達木扎布子。道光二十四年，襲。同治三年，賜貝勒銜。十三年，

爾布　桑齋色勒特多布子。光緒元年，襲。二十年，病免。

爾濟　多特諾爾布子。光緒二十一年，襲。宣統元年，賜郡王銜，世襲貝勒。

	四子部落扎薩克多羅達爾漢卓哩克圖郡王。
卒。	鄂木佈元太祖弟哈巴圖哈薩爾之裔。崇德元年，授扎薩克，
	巴拜鄂木佈長子。順治十年，襲扎薩克多羅達爾漢卓哩克圖
	沙克都爾巴拜長子。康熙三年，襲扎薩克多羅達爾漢卓
十九年，卒。	達木巴琫素沙克都爾長子。康熙十七年，襲扎薩克多
	三濟扎布達木巴琫素長子。康熙三十一年，襲扎薩克多
	阿喇布坦多爾濟三濟扎布長子。康熙四十九年，
	車凌旺扎勒阿喇布坦多爾濟長子。乾隆三十六年，襲
卒。	喇什雅木丕勒阿喇布坦多爾濟第三子。乾隆三十
	朋楚克桑魯布喇什雅木丕勒次子。乾隆四十九年，
	伊什楚克魯布朋楚克桑魯布子。道光五年，襲。六年，
	伊什車登伊什楚克魯布弟。道光七年，襲。
	那木凱多爾濟伊什車登子。同治三年，襲。
	勒旺諾爾布那木凱多爾濟子。光緒十一年，襲。

茂明	
僧格	賜達爾漢卓哩克圖號。順治六年，封多羅郡王，詔世襲罔替。十年，卒。
諾爾	郡王。康熙二年，卒。
齊旺	哩克圖郡王。十六年，卒。
根敦	羅達爾漢卓哩克圖郡王。三十一年，卒。
薩木	羅達爾漢卓哩克圖郡王。四十九年，卒。
拉什	襲扎薩克多羅達爾漢卓哩克圖郡王。乾隆三十六年，以病削。
達特	扎薩克多羅達爾漢卓哩克圖郡王。是年，卒。
綽克	六年，襲扎薩克多羅達爾漢卓哩克圖郡王。四十九年，卒。
綽克	襲扎薩克多羅達爾漢卓哩克圖郡王。道光五年，卒。
喇喜	以僭用黃傘革。

安部扎薩克一等台吉。

元太祖弟哈巴圖哈薩爾之裔。康熙三年，授扎薩克一等台吉。十一年，卒。

布　僧格長子。康熙十一年，襲扎薩克一等台吉。雍正元年，卒。

錫喇布　諾爾布第三子。雍正元年，襲扎薩克一等台吉。乾隆十二年，以罪削。

扎木素　齊旺錫喇布長子。乾隆十二年，襲扎薩克一等台吉。二十七年，卒。

坦扎木素　根敦扎木素長子。乾隆二十七年，襲扎薩克一等台吉。四十九

楝囉布　薩木坦扎木素從弟。嘉慶十年，襲。道光二年，卒。

巴扎木蘇　拉什楝囉布孫。道光二年，襲。十六年，卒。

巴達爾呼　達特巴扎木蘇子。道光十六年，襲。

佈彥圖　綽克巴達爾呼從父。光緒五年，襲。

色楞多爾濟　光緒十四年，襲。

茂明安部多羅貝勒。	
固穆巴圖爾扎薩克台吉僧格叔	
圖巴固穆巴圖爾第三子。康熙三年，襲多	
班第圖巴第三子。康熙三十二年，襲多羅	
羅卜藏錫喇布班第次子。康熙	
裕木充羅卜藏錫喇布長子。乾隆八年，	年，詔世襲罔替。嘉慶十年，卒。
袞楚克扎布裕木充長子。乾隆三	
珠克都爾扎布袞楚克扎布長	
丹丕勒袞楚克扎布次子。乾隆四十九	
格楚克丹丕勒孫。道光十九年，襲。光緒	
棍布格楚克嗣子。光緒十六年三月，襲。	

烏喇	
圖巴	祖。順治五年，封輔國公。七年，晉多羅貝勒，詔世襲罔替。康熙三年，卒。
海色	羅貝勒。三十二年，卒。
察木	貝勒。五十六年，卒。
都稜	五十六年，襲多羅貝勒。乾隆八年，卒。
諾爾	襲多羅貝勒。三十九年，卒。
錫喇	十九年，襲多羅貝勒。四十五年，卒。
索諾	子。乾隆四十五年，襲多羅貝勒。四十九年，卒。
索諾	年，襲多羅貝勒。道光十九年，卒。
車布	十六年，卒。
喇特	
旺楚	
色楞	
木勒	

特部　扎薩克鎮國公。

元太祖弟哈巴圖哈薩爾之裔。順治五年，封扎薩克鎮國公，詔世襲罔替。十三年，卒。

圖巴　長子。順治十三年，襲扎薩克鎮國公。康熙八年，卒。

察　海色長子。康熙八年，襲扎薩克鎮國公。二十五年，卒。

察木　察長子。康熙二十五年，襲扎薩克鎮國公。五十二年，卒。

布璘沁　都稜長子。康熙五十二年，襲扎薩克鎮國公。五十六年，卒。

布　都稜次子。康熙五十六年，襲扎薩克鎮國公。乾隆七年，卒。

木扎木三　錫喇布長子。乾隆七年，襲扎薩克鎮國公。二十年，卒。

木喇布坦　索諾木扎木三長子。乾隆二十年，襲扎薩克鎮國公。四十年，卒。

登棟囉布　索諾木喇布坦長子。乾隆四十年，襲扎薩克鎮國公。

那巴拉　車布登棟囉布長子。嘉慶七年，襲。道光十四年，削扎薩克。十八年，詔

克色楞　胡畢圖子。咸豐二年，襲。十一年，詔兼襲鎮國公。

那木濟勒　旺楚克色楞子。同治六年，襲。光緒二十三年，卒。

濟多爾濟　光緒二十三年十二月，襲。

	烏喇特部扎薩克鎮國公。
	諤班鎮國公圖巴從子。順治五
	博勒都呼諤班長子。順治
	博勒圖諤班次子。順治十八
	阿玉什諤班第四子。康熙七
	諾捫阿玉什長子。康熙十一年，
	達爾瑪第諾捫長子。康熙
	達爾瑪什哩達爾瑪第
	達爾瑪吉哩第達爾
	達爾瑪哩第達爾瑪吉
以其叔父胡畢圖襲扎薩克一等台吉。	噶勒桑車凌達爾瑪哩
	噶勒桑羅壘達爾瑪哩
	濟克默特多爾濟
	巴圖鄂齊爾濟克默特
	噶勒當旺楚克多
	貢蘇隆扎布噶勒當旺
	克什克德勒格爾

烏喇	
巴克	年，封扎薩克鎮國公，詔世襲罔替。十五年，卒。
楚充	十五年，襲扎薩克鎮國公。十八年，卒。
達爾	年，襲扎薩克鎮國公。康熙七年，卒。
鄂勒	年，襲扎薩克鎮國公。十一年，卒。
垂扎	襲扎薩克鎮國公。二十二年，卒。
阿穆	二十三年，襲扎薩克鎮國公。二十八年，卒。
恭格	長子。康熙二十八年，襲扎薩克鎮國公。雍正三年，以罪削。
多爾	瑪什哩長子。雍正三年，襲扎薩克鎮國公。乾隆十六年，卒。
車楞	哩第長子。乾隆十六年，襲扎薩克鎮國公。二十九年，卒。
拉旺	第長子。乾隆二十九年，襲扎薩克鎮國公。四十四年，卒。
貢桑	第次子。乾隆四十四年，襲扎薩克鎮國公。尋卒。
索特	達爾瑪吉哩第次子。乾隆四十四年，襲扎薩克鎮國公。五十六年，卒。
巴寶	多爾濟弟。乾隆五十六年，襲扎薩克鎮國公。道光十四年，卒。
	爾濟巴圖鄂齊爾子。道光十四年，襲。咸豐四年，卒。
	楚克多爾濟子。咸豐四年，襲。
	貢蘇隆扎布孫。光緒八年，襲。

特部扎薩克輔國公。

巴海鎮國公圖巴從孫。順治五年,封扎薩克輔國公,詔世襲罔替。尋卒。

客巴克巴海弟。順治五年,襲扎薩克輔國公。康熙二十二年,卒。

瑪楚充克長子。康熙二十三年,襲扎薩克輔國公。二十五年,卒。

班達爾瑪長子。康熙二十五年,襲扎薩克輔國公。四十二年,卒。

木素鄂勒班長子。康熙四十三年,襲扎薩克輔國公。雍正十一年,以罪削。

爾齡貴鄂勒班第三子。雍正十一年,襲扎薩克輔國公。乾隆十一年,卒。

喇布坦阿穆爾齡貴次子。乾隆十一年,襲扎薩克輔國公。五十三年,卒。

濟帕拉穆恭格喇布坦長子。乾隆五十三年,襲扎薩克輔國公。道光八年,

旺楚克多爾濟多爾濟帕拉穆子。道光八年,襲。十年九月,革。

哩克錦車楞旺楚克多爾濟子。道光十一年,襲。

棟魯布拉旺哩克錦子。同治三年,襲。光緒二十年三月,卒。

那木旺珠爾多爾濟光緒二十年,襲。二十一年,卒。

多爾濟索特那木旺珠爾多爾濟弟。光緒二十一年十二月,襲。

	喀爾喀右翼部扎薩克多羅達爾漢貝勒。
	本塔爾元太祖裔。順治十年，封扎薩克和碩達爾漢親王，詔世襲
	諾內本塔爾第四子。康熙八年，襲扎薩克和碩達爾漢親王。四十六
	詹達固密諾內第八子。康熙四十七年，降襲扎薩克多羅達爾
	拉旺多爾濟詹達固密長子。雍正七年，襲扎薩克多羅達爾
	車布登納木扎勒拉旺多爾濟長子。乾隆四十六年，襲
	忠濟勒車璘車布登納木扎勒長子。嘉慶五年，襲。道光二年，
	貢楚克綽克丕勒忠濟勒車璘子。道光二年，襲。四年，卒。
卒。	車旺都布濟貢楚克綽克丕勒弟。道光四年，襲。二十四年，以
	索特那木多爾濟車旺都布濟子。道光二十四年，襲。
	貢桑索特那木多爾濟弟。同治二年，襲。
	車林多爾濟貢桑子。光緒六年，襲。十六年，卒。
	雲端旺楚克車林多爾濟嗣子。光緒十六年八月，襲。

罔替。康熙八年，卒。

年，卒。

漢貝勒。雍正六年，卒。

漢貝勒。乾隆十六年，卒。

扎薩克多羅達爾漢貝勒。嘉慶四年，卒。

卒，

罪削。

喀爾喀右翼部固山

衮布 達爾漢親王本塔爾從子。

達爾扎 衮布長子。順治十八

固嚕什希 達爾扎長子。康

巴特瑪旺扎勒 固嚕

車木伯勒 巴特瑪旺扎勒

車登多爾濟 車木伯勒

東岳特 車登多爾濟弟。乾隆

吉禮克喇錫 東岳特子。

蘊丹蓋魯布 吉禮克喇

阿育爾布呢 蘊丹蓋魯

明珠爾多爾濟 阿育

卓哩克圖貝子。

順治十年，封多羅卓哩克圖郡王。十八年，卒。

年，襲多羅卓哩克圖郡王。康熙二十一年，卒。

熙二十二年，襲多羅卓哩克圖郡王。四十三年，卒。

什希長子。康熙四十三年，降襲固山卓哩克圖貝子。乾隆二十一年，卒。

次子。乾隆二十一年，襲固山卓哩克圖貝子。四十五年，卒。

長子。乾隆四十五年，襲固山卓哩克圖貝子。四十九年，詔世襲罔替。五十一年，以罪

五十一年，襲固山卓哩克圖貝子。六十年，卒。

乾隆六十年，襲固山卓哩克圖貝子。嘉慶二十五年，卒。

錫從子。嘉慶二十五年，襲。

布子。同治四年，襲。光緒十三年，卒。

爾布呢子。光緒十三年，襲。

喀爾喀右翼部	固山貝子。	
本巴什希	達爾漢親王本塔爾弟。順治十年，封固山貝子，詔世	
巴特瑪	本巴什希次子。康熙十五年，襲固山貝子。二十五年，卒。	
進穆巴	巴特瑪長子。康熙二十六年，襲固山貝子。五十三年，卒。	
達濟	進穆巴長子。康熙五十四年，襲固山貝子。雍正六年，卒。	
班第達	巴特瑪次子。雍正七年，襲固山貝子。十三年，卒。	
阿喇布坦	班第達長子。雍正十三年，襲固山貝子。乾隆二十五	革。
巴爾準多爾濟	阿喇布坦長子。乾隆二十六年，襲固山貝	
喇什那木扎爾	巴爾準多爾濟次子。嘉慶二年，襲。九年，卒。	
阿第雅	喇什那木扎爾長子。嘉慶九年，襲。道光三十年，卒。	
色勒布貢格	阿第雅子。道光三十年，襲。	
托果瓦	色勒布貢格弟。同治七年，襲。	

喀爾喀右翼部鎮國公。	
薩瑪第達爾漢親王本塔爾第五子。康熙十	襲罔替。康熙十四年，卒。
袞布阿喇布坦薩瑪第長子。康熙二	
索諾木班珠爾袞布阿喇布坦長子。	
恭格阿喇布坦索諾木班珠爾長子。	
袞楚克棟羅布恭格阿喇布坦長子。	
丹津多爾濟袞楚克棟羅布長子。乾隆	年，卒。
噶爾桑車林丹津多爾濟子。嘉慶十二	子。嘉慶二年，卒。
貢桑噶爾桑車林子。道光二十年，襲。	
寬楚克達瓦貢桑子。光緒九年，襲。	
莫羅木光緒十三年，襲。二十年，卒。	
諾爾布散布莫羅木嗣子。光緒二十年	

鄂爾多斯部	
額璘臣元太祖裔。	四年，以軍功封鎮國公，詔世襲罔替。二十五年，卒。
巴圖額璘臣從子。順	十六年，襲鎮國公。四十四年，卒。
固嚕巴圖兄。順治十	康熙四十四年，襲鎮國公。雍正九年，卒。
棟囉布固嚕次子。	雍正九年，襲鎮國公。乾隆三十八年，卒。
薩克巴棟囉布長	乾隆三十八年，襲鎮國公。三十九年，卒。
喇什班珠爾	四十年，襲鎮國公。嘉慶十二年，卒。
扎木揚薩克巴長	年，襲。道光二十年，卒。
車凌多爾濟	
達爾瑪咱第	
什當巴拜車凌	
巴寶多爾濟	十二月，襲。
圖們濟爾噶	
額爾齊木畢	
特古斯阿勒	

扎薩克多羅郡王。
順治六年,封扎薩克多羅郡王,詔世襲罔替。十三年,卒。
治十三年,襲扎薩克多羅郡王。十四年,以罪削。
四年,襲扎薩克多羅郡王。康熙十八年,晉和碩親王。三十一年,卒。
康熙三十一年,襲扎薩克多羅郡王。五十七年,卒。
子。康熙五十七年,襲扎薩克多羅郡王。五十九年,卒。
棟囉布第四子。康熙五十九年,襲扎薩克多羅郡王。雍正六年,卒。
子。雍正六年,襲扎薩克多羅郡王。十一年,以赴調兵不堪用,降貝勒。乾隆元年,詔復
扎木揚長子。乾隆二十三年,襲扎薩克多羅郡王。四十五年,卒。
車凌多爾濟長子。乾隆四十六年,襲扎薩克多羅郡王。五十年,卒。
多爾濟次子。乾隆五十一年,襲扎薩克多羅郡王。嘉慶十七年,卒。
什當巴拜子。嘉慶十七年,襲。道光十一年,以罪削扎薩克,仍留郡王。十八年,卒。
勒　巴寶多爾濟子。道光十一年,以一等台吉襲扎薩克。十五年,襲郡王。
里　克　圖們濟爾噶勒子。道光十七年,襲。光緒二十七年,卒。
坦　額爾齊木畢里克子。光緒二十八年二月,襲。

鄂爾多斯部扎薩克多羅貝勒。	
善丹郡王額璘臣從子。順治七年，封扎薩克多羅貝	
索諾木善丹長子。康熙二年，襲扎薩克多羅貝勒。	
松喇布索諾木長子。康熙二十一年，襲扎薩克多	
幹珠爾松喇布長子。康熙四十八年，襲扎薩克多	
諾依羅布扎木素幹珠爾長子。康熙五	
棟羅布扎木素諾依羅布扎木素長子。乾	
棟羅布色稜棟羅布扎木素長子。乾隆三十	郡王。二十三年，卒。
索諾木喇布齋根敦棟羅布色稜從	
棍藏拉布坦扎木蘇索諾木喇布齋	
額爾德呢綽克圖棍藏拉布坦扎木蘇	
察克都爾扎布額爾德呢綽克圖子。同治	
喇什扎木蘇察克都爾扎布兄。光緒七年，襲。	
噶勒藏羅勒瑪旺扎勒扎木	

鄂爾	
小扎	勒，詔世襲罔替。康熙二年，卒。
索諾	十六年，晉多羅郡王。二十一年，卒。
都稜	羅貝勒。三十七年，晉多羅郡王。四十八年，卒。
色稜	羅貝勒。五十七年，卒。
倫布	十七年，襲扎薩克多羅貝勒。乾隆十二年，卒。
色稜	隆十二年，襲扎薩克多羅貝勒。三十一年，賜郡王品級。三十八年，卒。
齊旺	八年，襲扎薩克多羅貝勒。嘉慶三年，卒。
喇什	弟。嘉慶三年，襲。道光十八年，卒。
拉什	根敦子。道光十八年，襲。咸豐元年，卒。
拉什	從子。咸豐三年，襲。
端多	元年，襲。
靜米	二十八年，卒。
巴圖	蘇喇什扎木蘇子。光緒二十八年十二月，襲。
阿爾	

多斯部扎薩克固山貝子。

木素 郡王額璘臣從子。順治六年，封扎薩克鎮國公，詔世襲罔替。康熙九年，卒。

木小扎 木素長子。康熙九年，襲扎薩克鎮國公。十一年，卒。

索諾木長子。康熙十一年，襲扎薩克鎮國公。三十七年，晉固山貝子。四十六年，卒。

喇什 都稜長子。康熙四十六年，仍襲扎薩克固山貝子。五十一年，卒。

都稜 次子。康熙五十一年，襲扎薩克固山貝子。五十六年，卒。

納木扎勒 都稜第三子。康熙五十六年，襲扎薩克固山貝子。尋卒。

班珠爾 色稜納木扎勒長子。康熙五十六年，襲扎薩克固山貝子。雍正十一

達爾濟 齊旺班珠爾孫。乾隆三十七年，襲扎薩克固山貝子。四十九年，詔世

扎木素 喇什達爾濟長子。嘉慶十一年，襲。十七年，卒。無嗣。

丕爾 拉什扎木素叔。嘉慶十七年，襲。十八年，卒。

布色楞 拉什丕爾弟。嘉慶十八年，襲。道光二十一年，卒。

特多布扎勒 端多布色楞子。道光二十一年，襲。

莽鼐 靜米特多布扎勒弟。咸豐七年，襲。

賓巴雅爾 巴圖莽鼐嗣子。光緒六年，襲。

年，以赴調兵不堪用，降輔國公。尋詔復貝子。乾隆十九年，晉多羅貝勒。三十七年，卒。

襲罔替。嘉慶十一年，卒。

鄂爾多斯部扎薩克固山貝子。

沙克扎郡王額磷臣從弟。順治七年，封扎薩克固山貝子，詔世襲罔替。

固嚕斯希布沙克扎長子。順治十四年，襲扎薩克固山貝子。康熙

喇什扎木素固嚕斯希布第五子。康熙四十三年，襲扎薩克固山

納木扎勒色稜喇什扎木素長子。康熙五十二年，襲扎薩克固

拉旺巴勒丹色稜納木扎勒色稜次子。乾隆二十六年，襲扎

丹巴達爾濟拉旺巴勒丹色稜弟。乾隆三十年，襲扎薩克固山貝

永隴多爾濟丹巴達爾濟長子。乾隆五十四年，襲扎薩克固山貝

達什多爾濟永隴多爾濟子。道光八年，襲。

散濟密都布達什多爾濟子。咸豐六年，襲。

索那木彭蘇克光緒十年，襲。十二年，卒。

索呢因索特圖索那木彭蘇克子。光緒十二年三月，襲。二十二

圖們巴雅爾光緒二十三年二月，襲。

	鄂爾多斯部　扎薩克固山貝
十四年，卒。	額琳沁　郡王額璘臣從子。順治六
十九年，晉多羅貝勒。四十三年，卒。	達爾扎　額琳沁從子。順治十八年，
貝子。五十一年，卒。	旺舒克　達爾扎長子。康熙三十三
山貝子。乾隆二十六年，卒。	達什喇布坦　達爾扎第三子。
薩克固山貝子。三十年，卒。	喇什色稜　達什喇布坦長子。雍
子。五十四年，卒。	沙克都爾扎布　喇什色稜
子。道光八年，卒。	布延泰　沙克都爾扎布長子。乾隆
	扎木巴勒多爾濟　布延
	桑齋旺沁　扎木巴勒多爾濟從
	巴達爾呼　桑齋旺沁子。道光九
年，卒。	察克都爾色楞　巴達爾呼

子。

年，封扎薩克固山貝子，詔世襲罔替。十八年，卒。

襲扎薩克固山貝子。康熙十六年，晉多羅貝勒。三十三年，卒。

年，襲扎薩克多羅貝勒。三十七年，卒。

康熙三十七年，襲扎薩克多羅貝勒。雍正十一年，以赴調兵不堪用，降貝子。十二年，

正十二年，襲扎薩克固山貝子。乾隆三十八年，卒。

長子。乾隆三十八年，襲扎薩克固山貝子。四十三年，卒。

四十三年，襲扎薩克固山貝子。嘉慶十三年，卒。

泰弟。嘉慶十三年，襲。二十二年，卒。

子。嘉慶二十二年，襲。道光八年，以罪削。

年，襲。同治十三年，賜貝勒銜，世襲罔替。

子。光緒十年，襲。

	鄂爾多斯部扎薩克固山貝子。
	色稜 郡王額璘臣從子。順治六年，封扎薩克固山貝子，詔世襲罔替。
	袞布喇什 色稜長子。康熙十六年，襲扎薩克固山貝子。十九年，
	根都什轄布 袞布喇什長子。康熙二十四年，襲扎薩克固山
卒。	羅布藏 根都什轄布長子。康熙四十八年，襲扎薩克固山貝子。雍
	納木扎勒多爾濟 羅布藏長子。乾隆五年，襲扎薩克固
	色旺喇什 納木扎勒多爾濟次子。乾隆四十二年，襲扎薩克固
	額爾德呢 色旺喇什子。嘉慶十七年，襲。道光元年，卒。
	察克都爾色楞 額爾德尼子。道光元年，襲。咸豐二年，卒。
	札那濟爾迪 察克都爾色楞子。咸豐二年，襲。四年，賜貝勒銜。
	珊濟密都布 光緒二十七年，襲。

鄂爾	
色布	康熙十五年，卒。
扎木	晉多羅貝勒。二十三年，卒。
薩木	貝子。四十八年，卒。
丹津	正十一年，以赴調兵不堪用，降輔國公。尋詔復貝子。乾隆五年，卒。
	山貝子。四十二年，卒。
	山貝子。嘉慶十七年，卒。
	光緒二十年正月，賞三眼花翎。

多斯部輔國公。

騰諾爾布郡王喇什班珠爾長子。雍正六年,封輔國公。乾隆二十二年,卒。

巴勒多爾濟色布騰諾爾布長子。乾隆二十二年,襲輔國公。二十七年,

丕勒扎木巴勒多爾濟長子。乾隆二十七年,襲輔國公。二十九年,卒。

多爾濟扎木巴勒多爾濟次子。乾隆二十九年,襲輔國公。嘉慶四年,卒。子當

鄂爾多斯部扎薩克一等台吉。	
定咱喇什郡王額璘臣從曾孫。雍正九年，	
衮布喇什定咱喇什長子。乾隆九年，襲扎	卒。
旺扎勒車布登多爾濟衮布	
噶爾桑濟克嗒特多爾濟	隆多爾濟，降襲二等台吉。
色楞多濟特噶爾桑濟克嗒特多爾濟	
幹克巴雅爾色楞多濟特子。道光十八	
扎那巴蘭札幹克巴雅爾弟。咸豐八年，	
克什克達賚光緒十六年，襲。	
克沙都爾扎布光緒二十三年，襲。	

授一等台吉。乾隆元年，授扎薩克。九年，卒。

薩克一等台吉。二十七年，卒。

喇什長子。乾隆二十七年，襲扎薩克一等台吉。四十九年，詔世襲罔替。嘉慶十

旺扎勒車布登多爾濟子。嘉慶十四年，襲。二十二年，卒。

子。嘉慶二十二年，襲。道光十八年，卒。

年，襲。

襲。光緒十六年，卒。

四年，卒。

清史稿卷二百十

表五十

藩部世表二

	喀爾喀土
初封	察琿多爾
一次襲	敦多布多
二次襲	多爾濟額
三次襲	旺扎勒多
四次襲	敦丹多爾
五次襲	敦多布多
六次襲	延丕勒多
七次襲	車登多爾
八次襲	敏珠爾多
九次襲	車登多爾
十次襲	額依多布
十一次襲	雅凌泰額依
十二次襲	車林多爾
十三次襲	那遜綽克
十四次襲	色囊依勒
十五次襲	達什尼瑪
十六次襲	

謝圖汗部

土謝圖汗。

濟

元太祖裔喀爾喀格呼森扎扎賚爾琿台吉之五世孫。繼其父衮布稱汗，號土

爾濟

察琿多爾濟孫。初襲其父郡王噶勒丹多爾濟爵。康熙三十九年，晉和碩

爾德尼阿海

察琿多爾濟次子。康熙四十一年，襲土謝圖汗。五十年，卒。

爾濟

多爾濟額爾德尼阿海長子。康熙五十年，襲土謝圖汗。雍正十年，卒。

濟

旺扎勒多爾濟次子。雍正十年，襲土謝圖汗。乾隆八年，卒。

爾濟

旺扎勒多爾濟第四子。乾隆九年，襲土謝圖汗。十年，卒。

爾濟

旺扎勒多爾濟長子。乾隆十一年，襲土謝圖汗。二十三年，卒。

濟

敦丹多爾濟次子。乾隆二十四年，襲土謝圖汗。四十六年，詔世襲罔替。五十八

爾濟

車登多爾濟長子。乾隆五十八年，襲土謝圖汗。五十九年，卒。

濟

敏珠爾多爾濟父。乾隆五十九年，仍襲土謝圖汗。嘉慶二十一年，卒。

多爾濟

車登多爾濟子。嘉慶二十年，襲。道光九年，卒。

多布

多爾濟子。道光九年，襲。十二年，卒。

濟

雅凌泰弟。道光十二年，襲。同治二年，卒。

圖

車林多爾濟子。同治二年，襲。光緒二十六年，卒。

多爾濟

那遜綽克圖子。光緒二十六年，襲。二十九年，卒。

色囊

依勒多爾濟嗣子。光緒三十年，襲。

喀爾喀土謝	
固嚕什喜土謝	謝圖康熙三十年，詔留土謝圖汗號。三十八年，卒。
多爾濟阿喇	亲王，襲土謝圖汗。後以溺職降襲原爵。見郡王表。
敏珠爾多爾	
車凌拜都布	
丹忠多爾濟	
齊巴克扎布	
多爾濟扎布	
達克丹多爾	年，以罪削。
拉蘇隆巴扎	
阿木噶巴扎	
阿囊達瓦齊	

圖汗部扎薩克多羅郡王。

圖汗察琿多爾濟族弟。康熙三十年，封扎薩克多羅郡王。四十四年，卒。

布坦固嚕什喜長子。康熙四十四年，襲扎薩克多羅郡王。雍正六年，以病罷。

濟多爾濟阿喇布坦長子。雍正六年，襲扎薩克多羅郡王。乾隆五年，卒。

敏珠爾多爾濟長子。乾隆五年，襲扎薩克多羅郡王。二十年，擊伊犁叛賊，死之。

車凌拜都布長子。乾隆二十年，襲扎薩克多羅郡王。三十七年，卒。

車凌拜都布次子。乾隆三十七年，襲扎薩克多羅郡王。四十六年，詔世襲罔替。四十

齊巴克扎布長子。乾隆四十七年，襲扎薩克多羅郡王。

濟多爾濟扎布子。嘉慶二十三年，襲。道光七年，卒。

爾達克丹多爾濟子。道光七年，襲。

爾拉蘇隆巴扎爾子。光緒元年，襲。

爾光緒十八年四月，襲。

	喀爾喀土謝圖汗部扎薩克固山貝子。
	噶勒丹多爾濟土謝圖汗察琿多爾濟長子。康熙三
	敦多布多爾濟噶勒丹多爾濟長子。康熙三十一年，
	額璘沁多爾濟敦多布多爾濟次子。乾隆八年，襲扎
	根扎布多爾濟敦多布多爾濟長子。乾隆二十二年，
	格齋多爾濟敦多布多爾濟第三子。乾隆二十五年，襲
七年，卒。	車布登多爾濟根扎布多爾濟次子。乾隆二十五年，
	遜都布多爾濟車布登多爾濟長子。乾隆三十九年，
	寧保多爾濟遜都布多爾濟長子。嘉慶四年，襲。道光十
	德勒克多爾濟寧保多爾濟子。道光十二年，襲。
	那木濟勒端多布德勒克多爾濟子。同治七年，襲。
	綳楚克車林那木濟勒端多布子。光緒十年，襲。

十年，封扎薩克多羅郡王。三十一年，卒。
襲扎薩克多羅郡王。三十九年，晉和碩親王，襲土謝圖汗。見汗表。四十一年，降襲郡
薩克和碩親王。二十年，以罪誅，削爵。
降襲扎薩克固山貝子。二十五年，卒。
扎薩克，賜公品級。三十六年，以病罷。
襲固山貝子。三十六年，襲扎薩克。三十九年，卒。
襲扎薩克固山貝子。四十六年，詔世襲罔替。嘉慶三年，卒。
二年，卒。

喀爾喀土謝圖汗	
車木楚克納木扎	
成袞扎布車木楚克納木	王原爵。雍正元年，復封親王。乾隆八年，卒。
齊巴克雅喇木丕	
齊巴克多爾濟齊巴	
齊巴克扎布齊巴克多	
車布登多爾濟齊巴	
額林沁多爾濟車布	
車林多爾濟額林沁多	
杭達多爾濟車林多爾	

部扎薩克和碩親王。
勒土謝圖汗察琿多爾濟從子。康熙三十年，授扎薩克一等台吉。三十五年，封輔
扎勒長子。雍正十年，襲扎薩克多羅貝勒。乾隆三年，晉襲多羅郡王。十一年，卒。
勒成袞扎布長子。乾隆十二年，襲扎薩克多羅郡王。二十一年，晉和碩親王。四十
克雅喇木丕勒次子。乾隆四十二年，襲扎薩克和碩親王。四十六年，詔世襲罔替。嘉
爾濟從子。嘉慶二年，襲。六年，卒。
克扎布子。嘉慶六年，襲。道光十八年，卒。
登多爾濟子。道光十八年，襲。咸豐四年，病免。
爾濟子。咸豐四年，襲。光緒十八年，卒。
濟孫。光緒十八年五月，襲。

喀爾	
三濟	國公。雍正元年，特晉多羅貝勒。十年，卒。乾隆三年，追封多羅郡王。
三都	
貢楚	二年，卒。
	慶二年，卒。

喀土謝圖汗部公品級一等台吉。
扎布親王齊巴克雅喇木丕勒長子。初授一等台吉。乾隆二十二年，卒。追封公
布多爾濟三濟扎布長子。乾隆二十二年，襲公品級一等台吉。嘉慶十五
克達什三都布多爾濟之子。嘉慶十五年，襲。

	喀爾喀土謝圖汗部扎薩克多羅郡王。
品級，	西第什哩土謝圖汗察琿多爾濟弟。康熙三十年，封扎薩克多
年，卒。	丹津多爾濟西第什哩次子。康熙四十五年，襲扎薩克多羅
	桑齋多爾濟丹津多爾濟孫。乾隆三年，襲扎薩克多羅郡王。
	雲丹多爾濟桑齋多爾濟長子。乾隆四十四年，襲扎薩克多
	多爾濟拉布坦雲丹多爾濟子。道光八年，襲。十九年，卒。
	那遜巴圖多爾濟拉布坦子。道光十九年，襲。三十年，卒。
	鄂特薩爾巴咱爾那遜巴圖子。道光三十年，襲。光緒二
	車林巴布鄂特薩爾巴咱爾子。光緒二十一年十一月，襲。

羅貝勒。四十五年，卒。

貝勒。雍正元年，封多羅郡王。八年，晉和碩親王。十一年，以罪降郡王。乾隆元年，復封

二十年，晉和碩親王。三十年，以罪削。尋詔復郡王爵。四十三年，卒。

羅郡王。四十六年，詔世襲罔替。道光七年，卒。

十一年十一月，告休。

	喀爾喀土謝圖汗部扎薩克一等台吉。
	錫布推哈坦巴圖爾土謝圖汗察琿多爾
親王。三年，卒。	車布登錫布推哈坦巴圖爾次子。康熙四十五年，降襲
	齊旺多爾濟車布登長子。乾隆二十一年，仍襲扎
	車布登乾隆二十三年，賜公品級。三十年，仍襲扎薩克
	齊素嚨多爾濟車布登孫。乾隆三十五年，降襲
	伊塔木扎布齊素嚨多爾濟長子。嘉慶五年，襲。二
	車林多爾濟伊塔木扎布子。嘉慶二十年，襲。
	車凌多爾濟車林多爾濟子。同治十年，襲。
	那遜固木布車凌多爾濟子。光緒十二年，襲。
	索特那木達爾濟雅宣統元年，襲。

濟從弟。康熙三十年，封扎薩克輔國公。三十八年，晉固山貝子。四十三年，卒。
扎薩克鎭國公。雍正元年，晉多羅貝勒。十年，晉多羅郡王。十一年，以罪降貝勒。乾隆
薩克輔國公。三十年，卒。
輔國公。三十五年，卒。
扎薩克一等台吉。四十六年，詔世襲罔替。嘉慶五年，卒。
十年，卒。

喀爾喀	
車淩巴	
巴木丕	十九年，降貝子，詔復貝勒。二十一年，以附叛賊青衮咱卜罪削。
車登三	
拉素嚨	
車林扎	
喇布丹	
畢里克	
密什克	
鄂達爾	

土謝圖汗部扎薩克輔國公。

勒土謝圖汗察琿多爾濟第四子。康熙五十年，封扎薩克輔國公。雍正六年，卒。

勒多爾濟車凌巴勒長子。雍正七年，襲扎薩克輔國公。乾隆十二年，卒。

丕勒巴木丕勒多爾濟次子。乾隆十三年，襲扎薩克輔國公。四十一年，卒。

多爾濟車登三丕勒長子。乾隆四十二年，襲扎薩克輔國公。四十六年，詔世

布拉素嚨多爾濟子。嘉慶十九年，襲。道光五年，卒。

多爾濟車林扎布子。道光五年，襲。

太多爾濟喇布丹多爾濟弟。咸豐十一年，襲。

多爾濟畢里克太多爾濟子。光緒元年，襲。二十二年三月，告休。

托克齊布揚瓦齊爾密什克多爾濟子。光緒二十二年，襲。

	喀爾喀土謝圖汗部扎薩克輔國公。
	巴海　貝子錫布推哈坦巴圖爾長子。雍正九年，授扎薩克一等
	貢楚克扎布　巴海長子。乾隆八年，襲扎薩克輔國公。二
	貢楚克達什　貢楚克扎布長子。乾隆二十八年，襲扎薩
襲罔替。	巴勒達爾扎布　貢楚克達什之弟。乾隆四十九年，襲
	倭多布齊旺　巴勒達爾扎布長子。嘉慶元年，襲。道光三
	桑都布明珠爾　倭多布齊旺子。道光三年，襲。十一年，
	達什多爾濟　桑都布明珠爾子。道光十一年，襲。
	曼達爾瓦　達什多爾濟子。同治四年，襲。
	薩賚瓦爾　光緒三十四年三月，襲。

喀爾喀土謝圖	
三達克多爾濟	台吉。十年，封輔國公。乾隆八年，卒。
車淩多爾濟 三達	十八年，卒。
薩蘭多爾濟 車淩	克輔國公。四十六年，詔世襲罔替。四十九年，卒。
綳楚克多爾濟	扎薩克輔國公。嘉慶元年，卒。
奇默特多爾濟	年，卒。
洞多布扎勒布	卒。
阿克旺多爾濟	

汗部扎薩克公品級一等台吉。

親王丹津多爾濟第三子。乾隆十八年，封輔國公。二十年，賜貝子品級。二十三年，授

克多爾濟長子。乾隆二十九年，襲扎薩克輔國公。五十三年，卒。

多爾濟長子。乾隆五十三年，襲公品級扎薩克一等台吉。嘉慶二十年，卒。

薩蘭多爾濟子。嘉慶二十三年，襲。道光二十六年，病免。

綳楚克多爾濟子。道光二十六年，襲。

帕拉木多爾濟

奇默特多爾濟子。光緒五年，襲。

光緒三十三年，襲。

扎薩克。二十九年，卒。

喀爾喀土謝圖汗部	扎薩克鎮國公。
禮塔爾	土謝圖汗察琿多爾濟族子。康熙三十二
旺舒克	禮塔爾長子。康熙三十二年，襲扎薩克一
達什丕勒	旺舒克次子。雍正六年，襲扎薩克一
德沁拉木丕勒	達什丕勒第四子。乾隆四
索諾木旺楚克	德沁拉木丕勒長子。乾隆
巴勒達爾多爾濟	索諾木旺楚克子。道
車林多爾濟	巴勒達爾多爾濟嗣子。光緒二
嘎丹巴勒	光緒十七年，襲。二十一年，卒。
察克都爾扎布	嘎丹巴勒子。光緒二十一

年，授扎薩克一等台吉。尋卒。

等台吉。雍正六年，以病罷。

等台吉。乾隆十九年，封輔國公。二十一年，晉固山貝子，賜貝勒品級。尋晉郡王品級。

十三年，襲扎薩克固山貝子。四十六年，詔世襲罔替。五十七年，以罪降鎮國公。尋卒。

五十八年，襲鎮國公。道光十七年，卒。

光十七年，襲。

年，襲。

年二月，襲。

	喀爾喀土謝圖汗部扎薩克輔國公。
	巴朗 土謝圖汗察琿多爾濟從弟。康熙三十年，授扎薩克
	旺布 巴朗長子。康熙三十二年，襲扎薩克一等台吉。乾隆
四十二年，卒。	蒙固 旺布次子。乾隆七年，襲扎薩克輔國公。二十七年，以
	索諾木辰伯勒 蒙固長子。乾隆二十七年，襲扎
	巴克巴扎布 索諾木辰伯勒次子。乾隆四十五年，
	齊巴克扎布 巴克巴扎布長子。乾隆五十一年，襲
	三都布多爾濟 齊巴克扎布長子。嘉慶四年，襲。
	巴爾多爾濟 三都布多爾濟長子。嘉慶九年，襲。
	黨蘇倫多爾濟 巴爾多爾濟子。道光二十一年，
	車德恩多爾濟 黨蘇倫多爾濟子。道光三十年，
	車登索諾木 車德恩多爾濟弟。咸豐九年，襲。光緒

喀爾喀土	
班珠爾多	一等台吉。三十一年，卒。
琳丕勒多	三年，封輔國公。七年，卒。
車布登多	病罷。
那木濟爾	薩克輔國公。四十五年，卒。
齊旺多爾	襲扎薩克輔國公。四十六年，詔世襲罔替。五十一年，卒。
喇布丹多	扎薩克輔國公。嘉慶三年，卒。
濟克濟特	八年，卒。
旺楚克察	
密法木察	襲。三十年，卒。
阿勒坦呼	襲。
	三十四年，卒。

謝圖汗部 扎薩克輔國公。

爾濟 土謝圖汗察琿多爾濟孫。康熙三十年，授扎薩克一等台吉。乾隆元年，卒。

爾濟 班珠爾多爾濟長子。乾隆元年，襲扎薩克一等台吉。二十年，晉輔國公。二

爾濟 琳丕勒多爾濟長子。乾隆二十三年，襲扎薩克輔國公。四十六年，詔世襲

多爾濟 車布登多爾濟子。乾隆五十九年，襲扎薩克輔國公。嘉慶十三年，卒。

濟 那木濟爾多爾濟子。嘉慶十三年，襲。道光十年，卒。

爾濟 齊旺多爾濟弟。道光十年，襲。十七年，卒。

多爾濟 喇布丹多爾濟弟。道光十七年，襲。三十年，卒。

克都爾蘇倫 濟克濟特多爾濟子。道光三十年，襲。

蘇特巴保多爾濟 旺楚克察克都爾蘇倫從子。光緒十年，襲。三十

雅克 密法木察蘇特巴保多爾濟子。光緒三十二年，襲。

喀爾喀土謝圖汗部扎薩克輔國公。	
辰丕勒多爾濟貝勒西第什哩長子。康熙	
喇木丕勒多爾濟辰丕勒多爾濟孫。雍	十三年，卒。
三都布多爾濟喇木丕勒多爾濟弟。乾隆	罔替。五十九年，卒。
車登多爾濟三都布多爾濟長子。乾隆四十	
索諾木扎布車登多爾濟長子。乾隆五十三	
霍羅奇索諾木扎布子。道光元年，襲。九年，卒。	
達什多爾濟霍羅奇弟。道光九年，襲。二十八	
鄂當蘇倫達什多爾濟子。道光二十八年，襲。	
那旺車林光緒十五年二月，襲。三十二年，卒。	一年，卒。

喀爾喀	
車凌郡王	五十八年，授扎薩克一等台吉。雍正六年，以老罷。
鄂巴車凌	正六年，襲扎薩克一等台吉。乾隆二年，以病罷。
卓特巴	二年，襲扎薩克一等台吉。二十四年，封輔國公。四十五年，卒。
喇布坦	五年，襲扎薩克輔國公。十六年，詔世襲罔替。五十二年，卒。
旺布多	年，襲扎薩克輔國公。道光元年，卒。
敦多布	
邁達哩	年，卒。
沙克都	
烏都木	
齊旺扎	
扎米揚	
巴達爾	

土謝圖汗部扎薩克一等台吉。
固嚕什喜從弟。康熙三十年，授扎薩克一等台吉。三十六年，卒。
長子。康熙三十六年，襲扎薩克一等台吉。五十二年，卒。
鄂巴長子。康熙五十二年，襲扎薩克一等台吉。雍正七年，以老罷。
卓特巴長子。雍正七年，襲扎薩克一等台吉。尋卒。
爾濟卓特巴次子。雍正八年，襲扎薩克一等台吉。乾隆二十三年，以病罷。
多爾濟旺布多爾濟長子。乾隆二十三年，襲扎薩克一等台吉。四十六年，詔
扎布敦多布多爾濟長子。乾隆四十七年，襲扎薩克一等台吉。道光八年，卒。
爾扎布邁達哩扎布子。道光八年，襲。二十三年，卒。
濟沙克都爾扎布弟。道光二十三年，襲。
布烏都木濟子。咸豐十年，襲。
廓爾羅瓦齊旺扎布子。光緒二年，襲。
呼光緒二十二年十二年，襲。

喀爾喀土謝圖汗部扎薩克一	
車璘扎布，貝子錫布推哈坦巴圖爾從子。	
齊巴克扎布，車璘扎布長子。康熙五十	
額璘沁多爾濟，齊巴克扎布長子。乾	
齊旺多爾濟，額璘沁多爾濟子。乾隆五	
那木濟勒多爾濟，齊旺多爾濟子。	
車凌端多布，那木濟勒多爾濟子。道光	世襲罔替。四十七年，卒。
密濟特多爾濟，車凌端多布子。光緒	

喀	等台吉。
青	康熙三十三年，授扎薩克一等台吉。五十七年，卒。
恭	七年，襲扎薩克一等台吉。乾隆二十七年，以病罷。
旺	隆二十七年，襲扎薩克一等台吉。四十六年，詔世襲罔替。五十八年，卒。
固	十九年，襲扎薩克一等台吉。嘉慶二十年，卒。
齊	嘉慶二十年，襲。道光二十一年，卒。
那	二十一年，襲。
烏	十二年，襲。
羅	

爾喀土謝圖汗部扎薩克一等台吉。
多爾濟貝子錫布推哈坦巴圖爾弟。康熙三十五年，授扎薩克一等台吉。三
格青多爾濟長子。康熙三十九年，襲扎薩克一等台吉。雍正四年，以病罷。
扎勒恭格長子。雍正四年，襲扎薩克一等台吉。乾隆十五年，卒。
嚕扎布旺扎勒長子。乾隆十五年，襲扎薩克一等台吉。四十一年，以病罷。
巴克扎布固嚕扎布長子。乾隆四十一年，襲扎薩克一等台吉。四十六年，
木濟勒多爾濟齊巴克扎布孫。嘉慶十一年，襲。
爾津扎布那木濟勒多爾濟子。同治三年，襲。
布桑海都布那木濟勒多爾濟子。光緒十年，襲。

	喀爾喀土謝圖汗部	扎薩克一等台吉。
十九年，卒。	開木楚克	郡王固嚕什喜從子。康熙三十六年，授扎
	納木扎勒	開木楚克長子。康熙四十三年，襲扎薩克
	車凌舒克	納木扎勒長子。康熙五十四年，襲扎
	達瑪琳扎布	車凌旺舒克長子。乾隆二十一年，襲
詔世襲罔替。	烏爾津扎布	達瑪琳扎布長子。乾隆三十六年，襲
	都昂多布多爾濟	烏爾津扎布子。道光二年，
	額凌多爾濟	都昂多布多爾濟子。道光七年，襲。
	圖魯伯羅特	額凌多爾濟子。光緒二年，襲。
	巴圖薩固哩	光緒二十年，襲。

喀爾喀	
成袞扎	薩克一等台吉。四十三年，卒。
車布登	一等台吉。五十四年，卒。
車登成袞	薩克一等台吉。乾隆二十一年，卒。
貢楚克	扎薩克一等台吉。三十六年，卒。
達什扎	扎薩克一等台吉。四十六年，詔世襲罔替。道光二年，卒。
占楚布	襲。七年，卒。
喇特那	
額哩克	
齊達爾	
巴特瑪	

土謝圖汗部扎薩克一等台吉。

布　郡王固嚕什喜次子。康熙五十八年，授扎薩克一等台吉。雍正十年，以不稱職

成袞扎布　扎布長子。雍正十年，襲扎薩克一等台吉。乾隆三十一年，以罪削。

扎布　次子。乾隆三十一年，襲扎薩克一等台吉。三十五年，卒。

車登　次子。乾隆三十五年，襲扎薩克一等台吉。四十六年，詔世襲罔替。嘉慶十年，卒。

布　貢楚克長子。嘉慶十年，襲。十一年，卒。

多爾濟　達什扎布長子。嘉慶十一年，襲。道光十年，卒。

什奇　占楚布多爾濟子。道光十年，襲。三十年，卒。

軫端多布果綽瓦　喇特那什奇子。道光三十年，襲。

巴拉　額哩克軫布果端多綽瓦長子。光緒元年，襲。

勒克登珠拉　光緒十五年，襲。

削。

喀爾喀土謝圖汗部扎薩克一等台吉。

朋素克喇布坦 追封郡王車木楚克納木扎勒弟。雍正八

喇木丕勒多爾濟 朋素克喇布坦長子。乾隆十二年，襲

衮楚克車凌 喇木丕勒多爾濟次子。乾隆十七年，襲扎薩克

達瑪第扎布 衮楚克車凌長子。乾隆四十八年，襲扎薩克一

固嚕扎布 達瑪第扎布長子。乾隆五十年，襲扎薩克一等台吉。

噶木毗勒多爾濟 固嚕扎布子。嘉慶二十三年，襲。

扎那巴扎爾 噶木毗勒多爾濟子。同治二年，襲。

索諾木車林 扎那巴扎爾弟。同治五年，襲。

旺楚克拉布坦 光緒十八年，襲。

喀爾喀土謝圖	
遜篤布郡王固嚕什喜	年，授扎薩克一等台吉。乾隆十一年，卒。
三篤克多爾濟	扎薩克一等台吉。十六年，卒。
阿扎拉三篤克多爾濟	一等台吉。四十六年，詔世襲罔替。四十八年，卒。
旺沁多爾濟阿扎	等台吉。五十年，卒。
巴勒黨棍布旺沁	嘉慶二十三年，卒。
達喇木僧格布巴勒	
都昂多克多爾	
索諾木多爾濟	
阿克旺多爾濟	

汗部扎薩克一等台吉。

從子。雍正十年，授扎薩克一等台吉。乾隆二十一年，賜公品級。二十二年，以罪削。

遜篤布長子。乾隆二十三年，襲扎薩克一等台吉。四十六年，詔世襲罔替。五十四年，

長子。乾隆五十四年，襲扎薩克一等台吉。嘉慶二十一年，卒。

拉子。嘉慶二十一年，襲。道光八年，卒。

多爾濟弟。道光八年，襲。咸豐三年，卒。

黨棍布子。咸豐三年，襲。

濟達喇木僧格子。光緒五年，襲。

都昂多克多爾濟子。光緒八年，襲。

光緒三十三年二月，襲。

喀爾喀車臣汗部車臣汗。	
烏默客元太祖裔喀爾喀格哷森扎扎賚爾琿台吉之七世	
衮臣烏默克長子。康熙四十八年，襲車臣汗。雍正六年，卒。	以病罷。
車布登班珠爾衮臣長子。雍正六年，襲車臣汗。十一	
垂扎布烏默克從弟。初襲其父郡王朋素克爵。見郡王表。雍	
達瑪璘衮臣次子。雍正十三年，襲車臣汗。乾隆十六年，卒。	
嘛呢巴達喇達瑪璘長子。乾隆十六年，襲車臣汗。三十	
車布登扎布達瑪璘次子。乾隆三十二年，襲車臣汗。四	
齊旺多爾濟車布登扎布長子。乾隆五十三年，襲車臣	
朋楚克多爾濟齊旺多爾濟次子。乾隆六十年，襲。是	
桑齋多爾濟齊旺多爾濟長子。嘉慶元年，襲。五年，降四	
瑪哈什哩朋楚克多爾濟嗣子。嘉慶五年，襲車臣汗。十二	
恩克圖嚕瑪哈什哩長子。嘉慶十二年，襲。二十二年，病免。	
阿爾塔什達恩克圖嚕子。嘉慶二十二年，襲。	
車林多爾濟阿爾塔什達子。光緒元年，襲。十九年，卒。	
德木楚克多爾濟光緒十九年，襲。宣統元年，卒。	
阿克旺那林宣統元年，襲。	

孫。繼其父伊勒登阿喇布坦稱汗，號車臣。康熙三十年，詔留車臣汗號。四十八年，卒。

年，以溺職削。

正十一年，襲車臣汗。十三年，卒。

二年，卒。

十六年，詔世襲罔替。五十三年，卒。

汗。六十年，卒。

年，卒。無嗣。

等台吉。

年，卒。

喀爾喀車臣汗部輔國公。

三濟扎布	車臣汗烏默客弟。康熙五十六年，封輔國公。雍正七年，卒。
密瓦扎布	三濟扎布長子。雍正八年，襲輔國公。乾隆十一年，卒。
格埒克	密瓦扎布長子。乾隆十一年，襲輔國公。四十三年，卒。
車登扎布	格埒克長子。乾隆四十三年，襲輔國公。四十六年，詔世襲。
巴圖圖魯	車登扎布子。嘉慶十六年，襲。
那希哩	巴圖圖魯子。咸豐八年，襲。
拉蘇倫	那希哩子。同治十二年，襲。
什固爾扎布	光緒十九年，襲。

喀爾喀車臣汗部扎薩克和碩親王。	
納木扎勒車臣汗烏默客叔父。康熙三十年，封	
達瑪琳多爾濟納木扎勒長子。康熙六十	
多爾濟扎勒納木扎勒次子。雍正十年，襲扎	
巴雅爾什第多爾濟扎勒長子。乾隆五年，襲	罔替。嘉慶十六年，卒。
貢楚克扎布巴雅爾什第長子。乾隆四十六	
達爾瑪錫哩貢楚克扎布長子。乾隆五十五	
瑪尼巴咱爾達爾瑪錫哩弟。嘉慶十九年，襲。	
車林多爾濟瑪尼巴咱爾子。道光五年，襲。	
那木濟勒端多布車林多爾濟子。咸豐	
濟克濟特倫蘇那木濟勒端多布子。光緒	
旺堆多爾濟宣統元年，襲。	

喀爾喀車臣	
朋素克 車臣汗烏	扎薩克多羅郡王。六十年，卒。
垂扎布 朋素克長	年，襲扎薩克多羅郡王。雍正十年，以罪削。
德木楚克 垂扎	薩克多羅郡王。乾隆五年，卒。
齊旺多爾濟	扎薩克多羅郡王。二十年，晉和碩親王。四十六年，卒。
桑齋多爾濟	年，襲扎薩克和碩親王，詔世襲罔替。五十五年，卒。
巴圖鄂齊爾	年，襲扎薩克和碩親王。嘉慶十九年，卒。
托克托呼圖	道光五年，卒。
莽珠巴咱爾	
多爾濟帕喇	七年，襲。光緒二十八年，卒。
	三十年十二月，襲。三十三年二月，卒。

汗部扎薩克多羅郡王。

默客叔父。康熙三十年，封扎薩克固山貝子。三十五年，特晉多羅郡王。雍正五年，以

子。雍正五年，襲扎薩克多羅郡王。後襲車臣汗。見汗表。

布長子。雍正十三年，襲扎薩克多羅郡王。乾隆四十五年，卒。

德木楚克長子。乾隆四十五年，襲扎薩克多羅郡王。四十六年，詔世襲罔替。尋卒。

齊旺多爾濟長子。乾隆四十六年，襲扎薩克多羅郡王。嘉慶元年，襲車臣汗，降郡王

桑齋多爾濟長子。嘉慶十六年，襲。道光元年，卒。

魯巴圖鄂齊爾子。道光元年，襲。

托克托呼圖魯子。同治七年，襲。

穆莽珠巴咱爾子。光緒十年，襲。

	喀爾喀車臣汗部
老罷。	貢格三丕勒郡王朋素
	丹津貢格三丕勒長子。乾隆九
	車凌多爾濟丹津長子。
	索諾穆多爾沁車凌
爲貝勒，以子瑪哈錫哩襲。五年，襲車臣汗。	幹當當準車林索諾
	札密養吹濟勒蘇

多羅郡王。今襲多羅貝勒。

克次子。雍正十一年，以其兄垂扎布襲車臣汗，貢格三丕勒代爲扎薩克多羅郡王。

年，襲多羅貝勒。四十五年，卒。

乾隆四十五年，襲多羅貝勒。四十六年，詔世襲罔替。嘉慶十二年，卒。

多爾濟子。嘉慶十二年，襲。道光二十二年，卒。

穆多爾沁子。道光二十二年，襲。光緒十七年，卒。

倫

光緒十七年二月，襲。

十三年，垂扎布子德穆楚克襲父原爵，詔貢格三丕勒仍爲郡王，不兼扎薩克。乾隆

喀爾喀車臣汗部扎薩克多羅貝勒。	
車布登車臣汗烏默客叔父。康熙三十年，封扎薩克多羅貝	九年，卒。
旺扎布車布登長子。康熙三十三年，襲扎薩克多羅貝勒。雍	
旺沁扎布旺扎布長子。乾隆十四年，襲扎薩克多羅貝勒。	
達克丹多爾濟旺沁扎布長子。乾隆二十一年，襲扎	
那木濟勒多爾濟達克丹多爾濟長子。嘉慶九年，	
貢楚克扎布那木濟勒多爾濟子。道光二十三年，襲。	
貢噶多爾濟貢楚克扎布子。咸豐七年，襲。	
車林桑都布貢噶多爾濟子。咸豐十年，襲。光緒三十一	
永端多爾濟車林桑都布子。光緒三十二年正月，襲。	
棍布蘇倫光緒三十四年，襲。	

喀爾	
布達	勒。三十三年，卒。
雲敦	正元年，晉多羅郡王。八年，以罪削。九年，復封貝勒。乾隆十四年，卒。
巴蘇	二十年，擊伊犁叛賊，死之。
達爾	薩克多羅貝勒。四十六年，詔世襲罔替。嘉慶八年，病免。
索諾	襲。道光二十三年，卒。
倭多	
彭楚	
德吉	年十二月，卒。
貢楚	
勒旺	
棍布	

喀車臣汗部 扎薩克多羅貝勒。今襲固山貝子。

扎布 車臣汗烏默客從曾祖。康熙三十年，封扎薩克固山貝子。五十年，晉多羅

琳沁 布達扎布長子。康熙五十二年，降襲扎薩克輔國公。五十五年，卒。

雲敦 琳沁長子。康熙五十七年，襲扎薩克輔國公。乾隆十五年，卒。

濟雅 巴蘇長子。乾隆十五年，襲扎薩克輔國公。二十年，晉固山貝子。四十五年，

木旺扎勒多爾濟 達爾濟雅長子。乾隆四十五年，襲扎薩克固山

布齊旺 索諾木旺扎勒多爾濟長子。嘉慶八年，襲。十五年，卒。

克多爾濟 倭多布齊旺弟。嘉慶十五年，襲。道光二十七年，卒。

特多爾濟 彭楚克多爾濟子。道光二十七年，襲。

克扎布 德吉特多爾濟子。同治十年，襲。

多爾濟 貢楚克扎布弟。光緒十年，襲。二十四年，卒。

蘇倫 光緒二十五年四月，襲。

喀爾喀車臣	
達哩車臣汗烏默客	貝勒。五十一年，卒。
阿海成伯勒	
喇布坦達哩第三	
旺扎勒喇布坦長	卒。
伊達木扎布	貝子。四十六年，詔世襲罔替。嘉慶七年，以擅殺人削。
貢楚克扎布	
蘊端巴雅爾	
敏珠爾多爾	
普爾布扎布	
多爾濟車林	

汗部

扎薩克固山貝子。

族祖。康熙三十年，封扎薩克固山貝子。尋以老罷。三十七年，卒。

達哩長子。康熙三十一年，襲扎薩克固山貝子。四十年，卒。

子。康熙四十年，襲扎薩克固山貝子。雍正十年，卒。

子。雍正十年，襲扎薩克固山貝子。乾隆二十七年，卒。

旺扎勒次子。乾隆二十七年，襲扎薩克固山貝子。四十六年，詔世襲罔替。四十九年，

伊達木扎布長子。乾隆四十九年，襲扎薩克固山貝子。嘉慶十九年，卒。

貢楚克扎布子。嘉慶十九年，襲。道光十五年，卒。

濟

蘊端巴雅爾子。道光十五年，襲。

敏珠爾多爾濟子。光緒十年，襲。

宣統元年，襲。

卒。

喀爾喀車臣汗部扎薩克固山貝子。今襲輔國公。

車布登　車臣汗烏默客從曾祖。康熙三十年，封扎薩克固山貝子。

阿勒達爾　車布登長子。康熙三十五年，襲扎薩克固山貝子。四

車凌布木　阿勒達爾長子。康熙四十二年，降襲扎薩克鎮國公。

格埒克巴木丕勒　車凌布木長子。康熙五十三年，降襲

衮布扎布　格埒克巴木丕勒長子。乾隆三十六年，降襲扎薩克

僧格多爾濟　衮布扎布子。嘉慶十三年，襲。道光元年，卒。

棍布扎布　僧格多爾濟子。道光元年，襲。二十九年，卒。

棍楚克車林　棍布扎布子。道光二十九年，襲。咸豐五年，卒。

成里克多爾濟　棍楚克車林弟。咸豐五年，襲。

三十四年，卒。

十一年，卒。

五十三年，卒。

扎薩克輔國公。乾隆二十年，以罪削。二十一年，詔復其爵。二十五年，晉鎮國公。三十

輔國公。四十六年，詔世襲罔替。嘉慶十三年，卒。

喀爾喀車臣汗部	扎薩克固山貝子。今襲扎薩克	
阿南達	車臣汗烏默客從曾祖。康熙三十年，封扎薩克固山	
丹津	阿南達第三子。康熙三十六年，襲固山貝子，不兼扎薩克。	
齊巴勒阿喇布坦	阿南達第四子。康熙四十四年，	
延楚布多爾濟	丹津長子。康熙四十五年，襲扎薩克	三年，卒。
旺沁扎布	延楚布多爾濟長子。乾隆二十二年，襲扎薩克	
貢素嚨扎布	延楚布多爾濟次子。乾隆二十五年，降襲	
車登多爾濟	貢素嚨扎布長子。乾隆五十二年，襲扎薩	
敏珠多爾濟	車登多爾濟子。嘉慶十一年，襲。道光二十	
伊特興諾爾布	敏珠多爾濟弟。道光二十七年，襲。	
車林多爾濟	伊特興諾爾布子。同治五年，襲。	
勒旺勒克津	車林多爾濟子。同治十一年，襲。	
桑薩賴多爾濟	光緒二十四年，襲。	

喀爾喀	一等台吉。
旺沁扎	貝子。三十五年，卒。
垂濟扎	四十四年，卒。
車林多	降襲鎭國公。尋授扎薩克。四十五年，卒。
那遜瓦	鎭國公。雍正二年，晉固山貝子。乾隆二十二年，以溺職削。
伊達木	固山貝子。二十五年，以溺職降封鎭國公。別有表。
	扎薩克一等台吉。四十六年，詔世襲罔替。五十二年，以病罷。
	克一等台吉。嘉慶十一年，卒。
	七年，卒。

車臣汗部鎮國公。

布乾隆二十五年，由扎薩克固山貝子降封鎮國公。四十六年，詔世襲罔替。四十

布旺沁扎布長子。乾隆四十八年，襲鎮國公。

爾濟垂濟扎布子。咸豐六年，襲。

齊爾車林多爾濟子。同治十一年，襲。

蘇倫光緒十七年，襲。

喀爾喀車臣汗部 扎薩克鎮國公。	八年，卒。
車布登 車臣汗烏默客族叔父。康熙三十四年，封扎薩克鎮	
圖巴 車布登長子。康熙五十二年，襲鎮國公。雍正十一年，卒。	
扎木禪 圖巴長子。雍正十一年，襲扎薩克鎮國公。乾隆三十	
雲丹 扎木禪長子。乾隆三十二年，襲扎薩克鎮國公。四十六年，	
達什格埒克 雲丹次子。乾隆五十一年，襲扎薩克鎮國	
多爾濟帕喇穆 達什格埒克子。道光元年，襲。二年，卒。	
索諾木達爾濟雅 多爾濟帕喇穆子。道光二年，襲。	
額爾德尼托克塔噶勒 索諾木達爾濟雅弟。	
扎木薩林扎布 額爾德尼托克塔噶勒子。光緒二年，	
車林呢瑪 扎木薩林扎布嗣子。光緒十七年七月，襲。	

喀爾喀車臣汗部扎薩克輔國公。	
車凌旺布貝勒車布登從弟。康熙五十年，	國公。五十二年，卒。
格埒克車凌旺布長子。乾隆七年，襲扎薩克	
貢楚克多爾濟格埒克長子。乾隆二	二年，卒。
齊旺多爾濟貢楚克多爾濟子。乾隆五	詔世襲罔替。五十一年，卒。
棍布扎布齊旺多爾濟子。道光二十七年，	公。道光元年，卒。
那喇莽棍布扎布達呼棍布	
	二十四年，卒。
	道光二十四年，襲。
	襲。十七年，卒。

喀	
車	授一等台吉。五十一年，授扎薩克。雍正二年，封輔國公。乾隆七年，以老罷。
根	輔國公。二十二年，以病罷。
三	十二年，襲扎薩克輔國公。四十六年，詔世襲罔替。五十九年，卒。
成	十九年，襲扎薩克輔國公。道光二十七年，卒。
德	襲扎薩克輔國公。
車	扎布嗣子。光緒十九年四月，襲。
那	
朗	
伊	
哈	
多	

爾喀車臣汗部扎薩克一等台吉。

凌達什車臣汗烏默客族祖。康熙三十年，襲扎薩克一等台吉。三十五年，封

敦車凌達什長子。康熙四十二年，襲扎薩克輔國公。雍正九年，卒。

丕勒根敦次子。雍正九年，襲扎薩克輔國公。乾隆九年，卒。

衮三丕勒長子。乾隆九年，襲扎薩克輔國公。二十一年，以罪削。二十四年，卒。

木楚克成衮長子。乾隆二十四年，降襲扎薩克一等台吉。四十六年，詔世襲

登旺布德木楚克長子。嘉慶八年，襲。道光元年，卒。

木濟勒多爾濟車登旺布子。道光元年，襲。十六年，卒。

準多布坦多爾濟那木濟勒多爾濟子。道光十六年，襲。

特星諾爾布朗準多布坦多爾濟弟。道光二十七年，襲。

丹伊特星諾爾布嗣子。光緒十年，襲。

爾濟扎布宣統元年，襲。

喀爾喀車臣汗部扎薩克一等台吉。	
車凌多岳特貝子阿勒達爾孫。乾隆十九年，	輔國公。四十二年，卒。
車登扎布車凌多岳特長子。乾隆四十三年，降	
齊巴克扎布車登扎布長子。乾隆四十四年，	
哈斯巴咱爾齊巴克扎布子。嘉慶十三年，襲。	
車都布多爾濟哈斯巴咱爾子。嘉慶二十	罔替。嘉慶八年，卒。
杜噶爾車木布勒車都布多爾濟子。道	
齊達爾巴拉杜噶爾車木布勒子。道光二十	
拉木扎布蘇隆齊達爾巴拉子。同治五年，	
密什克多爾濟光緒二十九年，襲。	

喀爾喀	
多爾濟	授一等台吉。十二年，封扎薩克輔國公。四十三年，卒。
成袞扎	襲扎薩克一等台吉。四十四年，卒。
雲敦齊	襲扎薩克一等台吉。四十六年，詔世襲罔替。嘉慶十三年，卒。
貢桑班	二十年，卒。
薩滿達	年，襲。道光十八年，卒。
瑪哈蘇	光十八年，襲。二十七年，卒。
德勒克	七年，襲。
多爾濟	襲。

車臣汗部扎薩克公品級一等台吉。

達什輔國公車凌達什弟。康熙五十年，授扎薩克一等台吉。雍正三年，卒。

布多爾濟達什長子。雍正三年，襲扎薩克一等台吉。乾隆二十一年，賜公品級。三

旺成袞扎布長子。乾隆三十六年，襲公品級扎薩克一等台吉。三十九年，卒。

巴爾雲敦齊旺長子。乾隆三十九年，襲公品級扎薩克一等台吉。四十六年，詔

巴達喇貢桑班巴爾子。嘉慶二十二年，襲。道光九年，卒。

噶薩滿達巴達喇子。道光九年，襲。

依車車克瑪哈蘇噶子。同治五年，襲。

玉勒吉克多克德勒克依車車克嗣子。光緒九年，襲。

喀爾喀車臣汗部扎薩克一	
固嚕扎布 輔國公車凌達什從子。康	
齊旺班珠爾 固嚕扎布長子。康熙	十六年，卒。
格埒克 齊旺班珠爾長子。雍正十三年，	
索諾木敦多布 格埒克長子。乾	世襲罔替。嘉慶二十二年，卒。
巴延巴達爾瑚 索諾木敦多布	
德木楚克彭楚克多爾	
濟克莫特多爾濟 德木楚克	
車林巴咱爾 濟克莫特多爾濟孫。	
額林沁多爾濟 車林巴咱爾子。	
都赫德 光緒二十二年十二月，襲。	

喀爾	等台吉。
色稜	熙三十年，授扎薩克一等台吉。尋卒。
固嚕	三十一年，襲扎薩克一等台吉。雍正十三年，以病罷。
貢楚	襲扎薩克一等台吉。乾隆八年，以罪削。
瑪哈	隆八年，襲扎薩克一等台吉。四十六年，詔世襲罔替。五十六年，卒。
扎木	長子。乾隆五十六年，襲扎薩克一等台吉。嘉慶九年，卒。
車林	濟 巴延巴達爾瑚長子。嘉慶九年，襲。道光五年，卒。
達什	彭楚克多爾濟族弟。道光五年，襲。
車林	咸豐十一年，襲。光緒十一年十二月，卒。
	光緒十二年，襲。二十二年，卒。

喀車臣汗部 扎薩克一等台吉。

達什 車臣汗烏默客族叔父。康熙三十年，授扎薩克一等台吉。四十一年，卒。

扎布 色稜達什長子。康熙四十一年，襲扎薩克一等台吉。乾隆二年，卒。

克扎布 固嚕扎布長子。乾隆二年，襲扎薩克一等台吉。四十六年，詔世襲罔

巴達 貢楚克扎布長子。乾隆四十六年，襲扎薩克一等台吉。五十七年，卒。

薩朗扎布 瑪哈巴達子。乾隆五十七年，襲扎薩克一等台吉。嘉慶八年，卒。

達什 扎木薩朗扎布長子。嘉慶九年，襲。

克車林多爾濟 車林達什子。咸豐八年，襲。

棍布 達什克車林多爾濟子。光緒九年，襲。

喀爾喀車臣汗部扎薩克一等台吉。	
貢楚克貝子阿南達長子。康熙三十六年，授扎薩克一等台	
布尼貢楚克長子。康熙四十二年，襲扎薩克一等台吉。四十九	
達瑪璘扎布貢楚克次子。康熙四十九年，襲扎薩克一	替。是年，卒。
旺舒克達爾扎達瑪璘扎布長子。雍正十一年，襲扎	
貢楚克扎布旺舒克達爾扎長子。乾隆十三年，襲扎薩	
烏爾錦扎布貢楚克扎布次子。嘉慶四年，襲。二十三年，	
扎木薩蘭扎布烏爾錦扎布子。嘉慶二十三年，襲。道	
達爾瑪札爾扎木薩蘭扎布子。道光五年，襲。	
車林端多布多爾濟達爾瑪扎爾孫。同治八年，	
達木定扎布光緒二十一年，襲。	

喀爾喀車臣	
韜賚車臣汗烏默客	吉。四十二年，卒。
車登敦多布	年，卒。
根敦扎布車登	等台吉。雍正十一年，以酗酒削。
車凌多爾濟	薩克一等台吉。乾隆十三年，卒。
袞布扎布車凌	克一等台吉。四十六年，詔世襲罔替。嘉慶四年，病免。
當蘇嚕扎布	卒。
喇布丹多爾	光五年，卒。
車林多爾濟	
	襲。

汗部扎薩克一等台吉。

從叔父。康熙三十四年，授扎薩克一等台吉。六十年，卒。

輻賚長子。康熙六十年，襲扎薩克一等台吉。乾隆二十九年，卒。

敦多布長子。乾隆二十九年，襲扎薩克一等台吉。四十六年，詔世襲罔替。五十年，卒。

根敦扎布長子。乾隆五十年，襲扎薩克一等台吉。五十七年，卒。

多爾濟子。乾隆五十七年，襲扎薩克一等台吉。嘉慶十六年，卒。

衮布扎布子。嘉慶十六年，襲。二十三年，卒。

濟當蘇嚕扎布子。嘉慶二十三年，襲。

光緒十八年，襲。

喀爾喀車臣汗部	扎薩克一等台吉。
羅卜藏	車臣汗烏默客從叔父。康熙三十六年，授扎薩克一等台吉。五
沙克都爾扎布	羅卜藏長子。康熙五十四年，襲扎薩克一等台
格木丕勒	沙克都爾扎布長子。雍正八年，襲扎薩克一等台吉。乾隆
沙克都爾扎布	乾隆元年，仍襲扎薩克一等台吉。七年，卒。
納旺伊什	格木丕勒長子。乾隆七年，襲扎薩克一等台吉。二十一年，
貢素隆扎布	納旺伊什子。乾隆五十八年，襲扎薩克一等台吉。五
車木布爾扎布	貢素隆扎布子。乾隆五十九年，襲扎薩克一等
車登達瓦	車木布爾扎布弟。道光元年，襲。二十二年，卒。
布楊德勒格爾	車登達瓦子。道光二十二年，襲。咸豐四年，卒。
囊濟特多爾濟	布楊德勒格爾子。咸豐四年，襲。
那旺什庫爾	囊濟特多爾濟子。同治五年，襲。

喀爾	
垂扎	十四年，卒。
齊旺	吉。雍正八年，以曠職削。
旺扎	元年，卒。
噶爾	
索諾	以罪削。二十五年，詔復其爵。四十六年，詔世襲罔替。五十七年，卒。
沈木	十九年，卒。
桑都	台吉。道光元年，卒。
杜喇	
達木	
達木	

喀車臣汗部扎薩克一等台吉。

木素車臣汗烏默客叔父。康熙四十年，授扎薩克一等台吉。雍正五年，以老罷。

多爾濟垂扎木素長子。雍正五年，襲扎薩克一等台吉。十一年，以瀆職削。

勒垂扎木素次子。雍正十一年，襲扎薩克一等台吉。乾隆二十五年，以老罷。

瑪扎布旺扎勒長子。乾隆二十五年，襲扎薩克一等台吉。四十三年，卒。

木嘎爾瑪扎布長子。乾隆四十三年，襲扎薩克一等台吉。四十六年，詔世襲罔替。

丕勒多爾濟索諾木長子。嘉慶十年，襲。道光三年，卒。

布多爾濟沈木丕勒多爾濟子。道光三年，襲。十八年，卒。

木扎布桑都布多爾濟子。道光十八年，襲。

定多爾濟杜喇木扎布子。光緒七年，襲。

楚克旺濟勒光緒十四年，襲。

喀爾喀車臣汗部扎薩克一等台吉。	
額爾德尼車臣汗烏默客叔父。康熙三十五年，授一	
旺布額爾德尼長子。雍正五年，襲扎薩克一等台吉。十年，	
齊旺額爾德尼次子。雍正十一年，襲扎薩克一等台吉。乾	
車登扎旺勒齊旺長子。乾隆二十五年，襲扎薩克	
扎木巴勒多爾濟車登旺扎勒長子。乾隆三	嘉慶九年，卒。
扎木薩朗扎布扎木巴勒多爾濟長子。嘉慶五	
達木第音車凌扎木薩朗扎布長子。嘉慶十年，	
巴雅爾什達達木第音車凌子。道光九年，襲。	
瑪哈巴哩迪巴雅爾什達子。同治元年，襲。	
桑旺車林多爾濟瑪哈巴哩迪子。光緒九年，	
綳楚克德濟特光緒二十四年二月，襲。	

喀爾	
根敦	等台吉。四十年，授扎薩克。雍正五年，以老罷。
博洛	以罪削。
斡克	隆二十五年，以老罷。
僧格	一等台吉。三十七年，卒。
朗袞	十七年，襲扎薩克一等台吉。四十六年，詔世襲罔替。嘉慶四年，卒。
彭楚	年，襲。十年，卒。
車林	襲。道光九年，卒。
	襲。

喀車臣汗部扎薩克一等台吉。

車臣汗烏默客叔父。康熙四十年，授扎薩克一等台吉。雍正五年，以老罷。

爾根敦第三子。雍正五年，襲扎薩克一等台吉。乾隆十五年，卒。

博洛爾長子。乾隆十五年，襲扎薩克一等台吉。四十四年，卒。

喇布坦博洛爾次子。乾隆四十四年，襲扎薩克一等台吉。四十六年，詔世襲

扎布僧格喇布坦長子。乾隆五十四年，襲扎薩克一等台吉。嘉慶十七年，因事

克多爾濟朗衮扎布子。嘉慶十七年，襲。道光二十三年，卒。

端多布彭楚克多爾濟子。道光二十三年，襲。

喀爾喀車臣汗部扎薩克一等台吉。	
吹音珠爾車臣汗烏默客族叔父。康熙五十二	
塔旺吹音珠爾次子。康熙五十三年，襲扎薩克一等	
齊瑚拉塔旺從子。雍正十三年，襲扎薩克一等台	
桑齋璘沁齊瑚拉長子。乾隆七年，襲扎薩克一	罔替。五十四年，卒。
楚克蘇木扎布桑齋璘沁長子。乾隆三十	休致。
多爾濟扎布楚克蘇木扎布子。嘉慶十四年，	
車楞多爾濟多爾濟扎布子。嘉慶二十一年，	
棍布扎布車楞多爾濟子。道光五年，襲。	
車林端多布棍布扎布子。光緒七年，襲。	
都噶爾蘇倫光緒二十二年，襲。	

喀爾	
旺扎	年，授扎薩克一等台吉。五十三年，卒。
班珠	台吉。雍正十三年，以罪削。
車淩	吉。乾隆七年，卒。
車淩	等台吉。二十一年，以罪削。二十五年，詔復其爵。三十四年，卒。
棍布	五年，襲扎薩克一等台吉。四十六年，詔世襲罔替。嘉慶十四年，病免。
貢噶	襲。二十一年，卒。
達什	襲。道光五年，病免。
車林	
洛布	

喀車臣汗部扎薩克一等台吉。

勒扎布貝子達哩孫。雍正十三年，授一等台吉。乾隆十四年，授扎薩克。二十

爾旺扎勒扎布長子。乾隆二十五年，襲扎薩克一等台吉。四十二年，卒。

達什班珠爾長子。乾隆四十二年，襲扎薩克一等台吉。四十六年，詔世襲罔替。

納木扎勒車凌達什長子。乾隆五十二年，襲扎薩克一等台吉。嘉慶五年，

扎布車凌納木扎勒長子。嘉慶六年，襲。道光三年，卒。

爾扎布棍布扎布子。道光三年，襲。

端多布當蘇隆扎布子。道光十五年，襲。

多爾濟喇布丹多爾濟子。光緒元年，襲。

桑吹都布瓦哈旺帕勒齋達什車林光緒三十

	喀爾喀扎薩克圖汗部 原封扎薩克圖
五年，卒。	策旺扎布 元太祖裔喀爾喀格埒森扎扎賚爾琿台
五十二年，卒。	
以罪削。	
二年正月，襲。	

汗和碩親王。

吉之七世孫。其曾祖素巴第稱汗，號扎薩克圖。康熙三十年，封策旺扎布爲扎薩克

和碩親王。四十二年，詔襲扎薩克圖汗號。雍正十年，以罪削，詔其族弟郡王格埒克

喀爾喀扎薩克圖汗部扎薩	
朋素克喇布坦喀爾喀格埒森扎扎	延丕勒襲汗號。別有表。
格埒克延丕勒朋素克喇布坦長子。	
巴勒達爾格埒克延丕勒長子。乾隆六年，	
齊旺巴勒齋巴勒達爾長子。乾隆三十	
布尼拉忒納齊旺巴勒齋長子。乾隆五	
瑪呢巴咱爾布尼拉忒納子。道光三年，	
車林端多布瑪呢巴咱爾子。道光二十	
多爾濟帕拉瑪車林端多布子。光緒	
索特木那木坦多爾濟帕拉瑪子。光	

克圖汗兼多羅郡王。

賚爾琿台吉之六世孫。康熙三十年，封扎薩克多羅郡王。五十一年，卒。

康熙五十一年，襲扎薩克多羅郡王。雍正十年，襲扎薩克圖汗，仍兼郡王爵。乾隆六

襲扎薩克多羅郡王。七年，襲扎薩克圖汗。三十五年，卒。

五年，襲扎薩克圖汗，兼多羅郡王。四十六年，詔世襲罔替。五十六年，以病罷。

十六年，襲扎薩克圖汗，兼多羅郡王。道光三年，卒。

襲。二十年，卒。

年，襲。

三年，襲。二十四年五月，告休。

緒二十四年十二月，襲。

年，卒。

喀爾喀扎薩克圖汗部輔國公。今襲公品級三等

格色克原封扎薩克圖汗策旺扎布從子。康熙三十年，封輔國公。

多岳特格色克長子。乾隆十七年，襲輔國公。二十年，以罪削。

幹珠爾扎布多岳特長子。乾隆四十八年，襲公品級三等台

阿育爾扎那幹珠爾扎布孫。道光十五年，襲。

台吉。	喀爾喀扎薩克圖
乾隆十七年，卒。	根敦扎薩克圖汗格埒克延丕
二年，授三等台吉，賜公品級。四十八年，卒。	松津僧格根敦長子。康熙
吉。	博貝根敦嗣子。康熙四十三年，
	班第博貝長子。雍正八年，襲扎
	旺布多爾濟博貝嗣子。
	車都布旺布多爾濟長子。乾
	成敦扎布車都布長子。乾
	曼達爾瓦爾成敦扎布
	多布沁扎木楚曼達
	阿爾達薩噶喇多布
	那木凱章禪宣統元年，

汗部　扎薩克郡王品級多羅貝勒。

勒族祖。康熙三十三年，封扎薩克多羅貝勒。三十六年，卒。

三十六年，降襲扎薩克輔國公。四十三年，卒。

降襲扎薩克一等台吉。四十四年，襲輔國公。雍正元年，敍功特封多羅貝勒。八年，卒。

薩克多羅貝勒。乾隆二年，卒。子青衮咱卜襲。二十一年，以叛誅，故不列表。

扎薩克輔國公額璘沁之子。初襲父爵。乾隆二十一年，襲扎薩克多羅貝勒。二十二

隆二十二年，襲郡王品級扎薩克多羅貝勒。四十六年，詔世襲罔替。五十年，卒。

隆五十年，襲郡王品級扎薩克多羅貝勒。嘉慶十九年，卒。

子。嘉慶十九年，襲。賜郡王品級。咸豐四年，卒。

爾瓦爾子。咸豐四年，襲。賜郡王品級。

沁扎木楚子。光緒十一年，襲。賜郡王品級。

襲。

喀爾喀扎薩克圖汗部扎薩克鎮	
卓特巴扎薩克圖汗格埒克延丕勒族祖。康熙三	
薩穆多爾濟卓特巴長子。康熙三十一年，襲	
諾爾布班第薩穆多爾濟長子。康熙三十五	
旺扎勒諾爾布班第孫。雍正十二年，降襲扎薩克	
瑪哈巴拉旺扎勒長子。乾隆十七年，襲扎薩克	年，賜郡王品級。尋卒。
貢楚克多爾濟瑪哈巴拉次子。乾隆五十	
扎木薩里扎布貢楚克多爾濟弟。嘉慶十	
剛當多爾濟扎木薩里扎布子。嘉慶二十三	
阿育爾色德丹占扎木楚剛當	
蘇克蘇倫阿育爾色德丹占扎木楚子。光緒二	

國公。	喀爾喀扎薩克
十年，封扎薩克多羅貝勒。三十一年，卒。	博貝扎薩克圖汗格埒克
扎薩克多羅貝勒。三十五年，卒。	烏巴什博貝長子。康熙
年，襲扎薩克多羅貝勒。雍正十二年，卒。	旺舒克博貝次子。雍正
鎮國公。乾隆十七年，卒。	拉旺多爾濟旺舒
鎮國公。四十六年，詔世襲罔替。五十年，以罪削。	達布拉車璘拉旺
年，襲扎薩克鎮國公。嘉慶十二年，卒。	旺丹多爾濟達布
二年，襲。二十二年，卒。	濟克米特多爾
年，襲。	棍布蘇光緒二十四年
多爾濟子。同治四年，襲。光緒二十三年七月，革。	
十三年，襲。	

圖汗部扎薩克輔國公。

延丕勒從叔父。康熙三十年，封扎薩克固山貝子。四十二年，卒。

四十二年，降襲扎薩克鎮國公。雍正二年，以罪削。

二年，襲扎薩克鎮國公。乾隆三十一年，以病罷。

克長子。乾隆三十一年，降襲扎薩克輔國公。四十六年，詔世襲罔替。四十九年，以病

多爾濟長子。乾隆四十九年，襲扎薩克輔國公。道光六年，卒。

拉車璘子。道光六年，襲。二十九年，卒。

濟旺丹多爾濟子。道光二十九年，襲。

二月，襲。

罷。

喀爾喀扎薩克圖汗部　扎薩克輔國公。

索諾木伊斯扎布　扎薩克郡王朋素克喇布坦從弟。康

噶勒桑色旺　索諾木伊斯扎布長子。康熙五十七年，襲扎薩

旌準多爾濟　噶勒桑色旺長子。乾隆二年，襲扎薩克輔國公。

拉沁蘇嚨　旌準多爾濟長子。乾隆二十三年，襲扎薩克輔國公。

旺舒克　拉沁蘇嚨長子。嘉慶七年，襲。

敏珠爾多爾濟　旺舒克長子。嘉慶九年，襲。道光六年，卒。

桑都布多爾濟　敏珠爾多爾濟子。道光六年，襲。二十二年，

車登端多布多爾濟　桑都布多爾濟子。道光二十二

扎賚青達賚那木濟勒阿克旺多爾

喀爾	
袞占	熙三十年，授扎薩克一等台吉。三十六年，封輔國公。五十六年，卒。
斂珠	克輔國公。乾隆二年，卒。
策嚕	二十三年，卒。
多岳	四十六年，詔世襲罔替。嘉慶九年，卒。
斂丕	
齊旺	
薩達	卒。
洛布	年，襲。
棍楚	
	濟 宣統二年，襲。

喀扎薩克圖汗部　扎薩克輔國公。

扎薩克郡王朋素克喇布坦從叔父。康熙三十年，授扎薩克一等台吉。五十年，封輔

爾　袞占次子。康熙五十二年，襲扎薩克輔國公。乾隆五年，卒。

布　敏珠爾長子。乾隆五年，襲扎薩克輔國公。九年，卒。

特多爾濟　敏珠爾第三子。乾隆九年，襲扎薩克輔國公。二十一年，卒。

木多爾濟　敏珠爾第四子。乾隆二十一年，襲扎薩克輔國公。四十六年，詔

達什　敏丕木多爾濟長子。乾隆四十六年，襲扎薩克輔國公。道光十四年，卒。

巴扎爾　齊旺達什子。道光十四年，襲。

桑端多布　薩達巴扎爾子。光緒二年，襲。二十四年七月，告休。

克丹　光緒二十四年，襲。

喀爾喀扎薩克圖汗部 扎薩克輔	
通謨克 扎薩克圖汗格埒克延丕勒族叔父。康熙	國公。五十二年，卒。
旺沁扎布 通謨克長子。乾隆四年，襲扎薩克輔	
格哩克 旺沁扎布次子。乾隆五十年，襲扎薩克輔	
車登多爾濟 格哩克嗣子。嘉慶九年，襲。十六	
索諾木車林 車登多爾濟子。嘉慶十六年，襲。	世襲罔替。是年，卒。
達什喇布坦 索諾木車林子。咸豐四年，襲。光	
扎勒清棍布多爾濟 光緒二十八年	

國公。	喀爾
五十三年，授扎薩克一等台吉。雍正二年，封輔國公。乾隆四年，卒。	徹埒
國公。四十六年，詔世襲罔替。五十年，卒。	彌什
國公。嘉慶九年，卒。	貢楚
年，卒。	索諾
咸豐四年，卒。	當素
緒二十八年，卒。	達拉
十二月，襲。	圖布
	扎勒

喀扎薩克圖汗部輔國公。

克輔國公通謨克叔父。初授一等台吉。雍正十年，以從征準噶爾陣歿，追封輔國

克徹埒克長子。雍正十年，襲輔國公。乾隆二十九年，卒。

克扎布彌什克長子。乾隆二十九年，襲輔國公。四十年，卒。

木車璘貢楚克扎布長子。乾隆四十年，襲輔國公。四十六年，詔世襲罔替。嘉

嚨索諾木車璘兄。嘉慶十一年，襲。道光二十四年，卒。

密濟特當素嚨子。道光二十四年，襲。

多爾濟達拉密濟特子。同治十一年，襲。

沁扎布光緒二十八年十二月，襲。

	喀爾喀扎薩克圖汗部扎薩克輔國公。
公，詔世襲罔替。	沙克扎貝勒博貝弟。雍正二年，封扎薩克輔國公。乾隆
	多爾濟車登沙克扎長子。乾隆二年，襲扎薩克輔
	車都布多爾濟多爾濟車登長子。乾隆二十九
慶十一年，卒。	沙克多爾扎布車都布多爾濟長子。嘉慶八年，
	多爾濟扎布沙克多爾扎布子。道光二十八年，襲。
	特固斯德勒格爾多爾濟扎布子。同治十一
	班扎爾拉察光緒十四年二月，襲。

喀爾喀扎薩克	
齊巴克扎布貝勒	二年，以病罷。
巴圖濟爾噶勒	國公。二十九年，卒。
吹蘇倫巴圖濟爾噶勒	年，扎薩克輔國公。四十六年，詔世襲罔替。
扎木巴拉吹蘇倫長	襲。道光二十八年，病免。
恭格多爾濟扎木	
巴彥濟爾噶勒	年，襲。

圖汗部扎薩克輔國公。

博貝從孫。初授二等台吉。乾隆二十一年，以從剿烏梁海賊陣歿，追封輔國公，詔入

齊巴克扎布長子。乾隆二十年，襲輔國公，授扎薩克。四十六年，詔世襲罔替。六十

長子。乾隆六十年，襲。嘉慶十二年，卒。

子。嘉慶十二年，襲。咸豐四年，卒。

巴拉子。咸豐四年，襲。

恭格多爾濟孫。光緒五年，襲。

祀昭忠祠。

年，卒。

喀爾喀扎薩克圖汗部扎薩克鎮國公。

喇布坦 貝勒卓特巴次子。雍正六年，授扎薩克一等台吉。十

索諾木多爾濟 喇布坦孫。乾隆三十一年，襲公品級

蘊端達什 索諾木多爾濟子。嘉慶二十三年，襲。

噶勒桑端多布 蘊端達什子。道光十二年，襲。

密法木散布 噶勒桑端多布從父。同治三年，襲。

達木党蘇倫 密法木散布子。光緒十二年，襲。

年，以罪削。十三年，詔復其爵。乾隆二十一年，賜公品級。三十一年，以老罷。
扎薩克一等台吉。先是其父朗袞扎布以軍功別封鎮國公，至是年卒，詔索諾木多

喀	爾	喀	扎	
額	爾	德	尼	
垂	扎	布	額爾	爾濟晉襲之。四十六年，詔世襲罔替。嘉慶二十三年，卒。
丹	津	垂扎	布長	
格	埒	克	丹津	
羅	卜	藏	喇	
莽	蘇	爾	羅卜	
吹	木	丕	勒	
蘊	端	多	爾	
莽	濟	巴	咱	
索	諾	木	車	
巴	扎	爾	巴	

薩克圖汗部

扎薩克一等台吉。

袞布　貝勒卓特巴從子。康熙三十年，襲扎薩克一等台吉。三十八年，卒。

德尼　袞布長子。康熙三十八年，襲扎薩克一等台吉。雍正三年，卒。

子。雍正三年，襲扎薩克一等台吉。八年，卒。

次子。雍正八年，襲扎薩克一等台吉。十年，以罪削。

布坦　丹津長子。雍正十二年，襲扎薩克一等台吉。乾隆二十二年，以病罷。

藏喇　布坦長子。乾隆二十二年，襲扎薩克一等台吉。四十六年，詔世襲罔替。五十四

莽蘇　爾長子。乾隆五十四年，襲扎薩克一等台吉。道光十一年，卒。

濟　吹木丕勒子。道光十一年，襲。十二年，卒。

爾　蘊端多爾濟子。道光十二年，襲。

林　莽濟巴咱爾子。咸豐六年，襲。

呢　光緒十五年，襲。

	喀爾喀扎薩克圖汗部	扎薩克一等台吉。
	烏爾占	扎薩克圖汗格埒克延丕勒從祖。康熙三十年，授扎薩克
	彌育特多爾濟	烏爾占長子。雍正五年，襲扎薩克一等台
	根敦車琳	彌育特多爾濟長子。乾隆十三年，襲扎薩克一等台
	烏巴什	根敦車琳長子。乾隆三十五年，襲扎薩克一等台吉。四十
	吹忠達什	烏巴什長子。乾隆五十一年，襲扎薩克一等台吉。五
年，卒。	蒙袞扎布	吹忠達什長子。乾隆五十九年，襲扎薩克一等台吉。
	車琳多爾濟	蒙袞扎布子。嘉慶十四年，襲。道光二十五年，卒。
	桑青齊蘇隆	車琳多爾濟子。道光二十五年，襲。
	車林多爾濟	桑青齊蘇隆子。光緒六年，襲。
	車林棍布	光緒九年，襲。

喀爾喀扎薩克圖汗部	
袞布扎布　扎薩克台吉烏爾占從弟。	一等台吉。雍正五年，以病罷。
沙克都爾扎布　袞布扎布長子。	吉。乾隆十三年，卒。
巴勒桑　袞布扎布次子。雍正八年，襲輔	吉。三十五年，卒。
錫喇布多爾濟　巴勒桑長子。乾	六年，詔世襲罔替。五十一年，卒。
納木扎勒多爾濟　錫喇布多	十九年，卒。
哈斯車林　納木扎勒多爾濟子。道光	嘉慶十四年，卒。
貢楚克扎布　哈斯車林子。咸豐九	
達什車林　貢楚克扎布子。光緒二十	

輔國公。

雍正二年，封輔國公。尋卒。

雍正二年，襲輔國公。八年，卒。

國公。乾隆三十六年，卒。

隆三十六年，襲輔國公。四十二年，卒。

爾濟次子。乾隆四十二年，襲輔國公。四十六年，詔世襲罔替。道光十二年，卒。

十二年，襲。

年，襲。光緒二十一年，告休。

一年十二月，襲。

喀爾喀扎薩克圖汗部	扎薩克一等台吉。
哈瑪爾岱青	扎薩克郡王朋素克喇布坦從弟。康熙三十六年，授
鄂木布濟	哈瑪爾岱青長子。康熙五十三年，襲扎薩克一等台吉。乾
達爾巴圖	鄂木布濟長子。乾隆十五年，襲扎薩克一等台吉。三十五
達什琳沁	達爾巴圖長子。乾隆三十五年，襲扎薩克一等台吉。四十
丹巴多爾濟	達什琳沁子。嘉慶十九年，襲。二十四年，卒。
都拉木扎布	丹巴多爾濟子。嘉慶二十四年，襲。咸豐元年，卒。
達克丹多爾濟	都拉木扎布弟。咸豐元年，襲。
瑪米達拉	達克丹多爾濟從子。同治十一年，襲。
圖布多爾濟	光緒二十五年，襲。

喀爾喀扎薩克圖汗	
納瑪璘藏布 貝勒博貝從子。	扎薩克一等台吉。五十三年，卒。
扎木揚 納瑪璘藏布弟。康熙五十	隆十五年，以病罷。
衮布車凌 納瑪璘藏布叔父。雍	年，以病罷。
拉哩 衮布車凌兄。雍正十年，襲扎薩	六年，詔世襲罔替。嘉慶十九年，卒。
班第 拉哩長子。乾隆二年，襲扎薩克	
三都布多爾濟 班第長子。	
齊素嚨多爾濟 三都布多	
噶爾丹棍都布 齊素嚨多	
瑪克蘇爾扎布 噶爾丹棍	
扎克達散巴勒 瑪克蘇爾	
達木丹根畢沙 光緒二十	

喀	部扎薩克一等台吉。
伊	康熙四十八年，授扎薩克一等台吉。五十七年，卒。
根	七年，襲扎薩克一等台吉。雍正二年，卒。
車	正二年，襲扎薩克一等台吉。十年，爲準噶爾賊所戕。
巴	克一等台吉。乾隆二年，卒。
額	一等台吉。二十一年，卒。
阿	乾隆二十一年，襲扎薩克一等台吉。四十六年，詔世襲罔替。六十年，卒。
	爾濟長子。乾隆六十年，襲扎薩克一等台吉。嘉慶十三年，卒。
	爾濟子。嘉慶十三年，襲。道光二十七年，卒。
	都布子。道光二十七年，襲。
	扎布子。同治三年，襲。
	一年，襲。

爾喀扎薩克圖汗部扎薩克一等台吉。

達木扎布輔國公袞占長子。雍正四年，授扎薩克一等台吉。乾隆七年，卒。

敦伊達木扎布第三子。乾隆七年，襲扎薩克一等台吉。二十八年，卒。

都布多爾濟根敦長子。乾隆二十八年，襲扎薩克一等台吉。三十八年，

圖爾車都布多爾濟次子。乾隆三十八年，襲扎薩克一等台吉。四十六年，詔世

林沁丕勒巴圖爾孫。道光七年，襲。

克旺車林額林沁丕勒子。光緒五年，襲。

喀爾喀扎薩克圖汗部扎薩克一	
達什朋素克，貝勒博貝從子。乾隆二十二年，	
袞布扎布，達什朋素克長子。乾隆四十四年，襲	
濟克莫特車布登，袞布扎布長子。嘉慶	卒。
吹光楚克達什，濟克莫特車布登子。道光	襲罔替。道光七年，卒。
呢蘭瓦爾，吹光楚克達什子。光緒元年，襲。二十	
車丹多爾濟，光緒三十一年正月，襲。	

喀	等台吉。
普	授扎薩克一等台吉。二十三年，以罪削扎薩克。尋詔復之。四十四年，卒。
沙	扎薩克一等台吉。四十六年，詔世襲罔替。嘉慶元年，卒。
尼	元年，襲。道光元年，卒。
袞	元年，襲。
尼	四年九月，告休。
塔	
諾	
翰	
藴	
瑪	

爾喀扎薩克圖汗部　扎薩克一等台吉。

爾普車凌　輔國公通謨克從子。乾隆二十年，自準噶爾來歸，授扎薩克一

克都爾扎布　普爾普車凌嗣子。乾隆二十四年，襲扎薩克一等台吉。二

木布多爾濟　亦普爾普車凌嗣子。乾隆二十九年，襲扎薩克一等台吉。

楚克　尼木布多爾濟從叔。乾隆五十年，襲扎薩克一等台吉。五十八年，卒。

瑪　尼木布多爾濟從子。乾隆五十九年，襲扎薩克一等台吉。嘉慶十三年，卒。

爾巴海　尼瑪子。嘉慶十三年，襲。二十五年，卒。

爾布扎勒　塔爾巴海子。嘉慶二十五年，襲。道光二十八年，卒。

克德勒克楞貴　諾爾布扎勒子。道光二十八年，襲。

端多爾濟　韓克德勒克楞貴子。光緒元年，襲。二十四年八月，告休。

呢巴札爾　光緒二十五年十一月，襲。

	喀爾喀扎薩克圖
等台吉。二十四年，卒。	諾爾布扎薩克圖汗格埒克
十九年，卒。	敦多布多爾濟諾爾
四十六年，詔世襲罔替。四十九年，因罪革。	齊松扎布敦多布多爾濟
	齊旺扎布齊松扎布子。嘉
	班扎巴扎爾扎布
	那遜布彥濟爾噶
	扎勒青棍布車坦

汗部扎薩克一等台吉。
延丕勒族弟。初授二等台吉，隸其叔父貝勒策登扎布旗。乾隆二十一年，策登扎布
布長子。乾隆三十二年，襲扎薩克一等台吉。四十六年，詔世襲罔替。嘉慶十三年，卒。
子。嘉慶十三年，襲。二十三年，病免。
慶二十三年，襲。咸豐二年，卒。
齊旺扎布子。咸豐二年，襲。
勒班扎巴扎爾扎布子。同治十二年，襲。
光緒二十八年，襲。

以附叛賊青袞咱卜罪誅，詔授諾爾布扎薩克一等台吉，領其衆。三十二年卒。

喀爾喀扎薩克圖汗部扎薩克厄魯特一等台吉。

噶勒丹達爾扎輝特人。其父羅卜藏，自準噶爾來歸，封輔國公。

拉克沁噶喇噶勒丹達爾扎長子。乾隆三十年，襲一等台吉，授扎

薩木丕勒諾爾布拉克沁噶喇長子。乾隆四十六年，襲扎薩

拉旺班珠爾薩木丕勒諾爾布長子。嘉慶十二年，襲。道光三十年，

達木丹瓦齊爾拉旺班珠爾子。道光三十年，襲。

車登多爾濟達木丹瓦齊爾子。同治七年，襲。

伊達布濟黨蘇倫扎布光緒二十六年，襲。

兄巴濟嗣，復叛歸準噶爾。乾隆二十年，噶勒丹達爾扎自準噶爾來降，詔授一等台

薩克，詔隸喀爾喀扎薩克圖汗部。四十六年，卒。

克一等台吉。是年，詔世襲罔替。嘉慶十二年，卒。

卒。

喀爾喀賽因諾顏部扎薩克和碩親王。	
善巴元太祖裔喀爾喀格埒森扎扎賚爾琿台吉之五世	吉。三十年，卒。
達什敦多布善巴長子。康熙四十六年，襲扎薩克	
喇嘛扎布達什敦多布長子。雍正四年，襲扎薩克和	
德沁扎布達什敦多布次子。雍正十一年，襲扎薩克	
諾爾布扎布德沁扎布長子。初由公品級封固山	
車登扎布諾爾布扎布長子。初襲鎮國公。別有表。乾	
額璘沁多爾濟車登扎布子。乾隆五十八年，襲	
朋楚克達什額璘沁多爾濟弟。嘉慶七年，襲。二十	
車林多爾濟朋楚克達什子。嘉慶二十二年，襲。咸	
德木吹車林多爾濟子。咸豐三年，襲。	
車林端多布德木吹從弟。同治十年，襲。	
特固斯瓦齊爾車林端多布子。光緒九年，襲。	
那木囊蘇倫特固斯瓦齊爾子。光緒二十二年，襲。	

孫。康熙三十年，封扎薩克多羅郡王。三十五年，晉和碩親王。四十六年，卒。

和碩親王。雍正四年，以老罷。

碩親王。十年，以罪削。

和碩親王。乾隆二十七年，卒。

貝子。別有表。乾隆二十七年，襲扎薩克和碩親王。三十一年，詔襲其六世祖圖蒙肯

隆五十一年，晉襲扎薩克和碩親王，兼賽因諾顏。五十七年，卒。

扎薩克和碩親王。嘉慶五年，以罪削。

二年，病免。

豐三年，卒。

喀爾喀賽	
諾爾布扎	
車登扎布	
額璘沁多	
朋楚克達	
札納扎布	賽因諾顏號。四十六年，詔世襲罔替。五十一年，以病罷。
車林端多	
特固斯瓦	
邦當那木	
那木囊蘇	
額琳沁薩	

因諾顏部鎮國公。

布乾隆十七年，賜公品級。二十年，封固山貝子。後襲扎薩克和碩親王，兼賽因諾

諾爾布扎布長子。乾隆二十七年，襲鎮國公。四十六年，詔世襲罔替。五十一年，襲扎

爾濟車登扎布長子。乾隆五十一年，襲鎮國公。五十八年，襲扎薩克和碩親王。

什額璘沁多爾濟弟。乾隆五十八年，襲鎮國公。嘉慶七年，改襲扎薩克和碩親王。

朋楚克達什長子。嘉慶八年，襲。道光二十九年，卒。

布札納扎布子。道光二十九年，襲。

齊爾車林端多布子。同治十一年，襲。

濟勒特固斯瓦齊爾子。光緒十年，襲。

倫邦當那木濟勒弟。光緒十二年，襲。

什光緒二十四年二月，襲。

	喀爾喀賽因諾顏
顏。見親王表。	三丕勒多爾濟　親王
薩克和碩親王，兼賽因諾顏。見親王表。	達瑪璘　三丕勒多爾濟長子。
	敏珠爾　達瑪璘之弟。乾隆五

部公品級一等台吉。
德沁扎布第三子。初授一等台吉。乾隆二十二年，賜公品級。四十九年，卒。
乾隆五十年，襲公品級一等台吉。五十七年，卒。
十七年，襲公品級一等台吉。嘉慶十九年，卒。子滾布敏珠爾，襲一等台吉，銷去公品

	喀爾喀賽因諾顏部扎薩克和碩親王。
	策稜 親王善巴再從弟。康熙三十一年，授三等輕車都尉。四十五年，
	成袞扎布 策稜長子。乾隆元年，封固山貝子。四年，封世子。十五
級。	拉旺多爾濟 成袞扎布第七子。乾隆二十九年，封世子。三十
	巴彥濟爾噶勒 拉旺多爾濟嗣子。嘉慶二十一年，襲。
	車登巴咱爾 巴彥濟爾噶勒子。嘉慶二十一年，襲。咸豐二年，
	達爾瑪 車登巴咱爾子。咸豐二年，襲。
	那彥圖 達爾瑪子。同治十三年，襲。

賜貝子品級。六十年，授扎薩克。雍正元年，特封郡王。九年，晉封和碩親王，授喀爾喀

年，襲扎薩克和碩親王。三十六年，卒。

六年，襲扎薩克和碩親王。四十六年，詔世襲罔替。嘉慶二十一年，卒。

卒。

喀	
恭	大扎薩克。十年，賜號超勇。乾隆十五年薨。諡襄，配享太廟，入祀賢良祠。
佛	
沙	
敦	
巴	
呢	
津	
通	
旺	
札	

爾喀賽因諾顏部固山貝子。

格喇布坦超勇襄親王策稜弟。雍正元年，封多羅貝勒。尋卒。

保恭格喇布坦第四子。雍正元年，降襲固山貝子。十年，陷準噶爾。後自伊犁歸，別

克都爾扎布恭格喇布坦長子。雍正十年，襲固山貝子。乾隆二十年，晉

多布多爾濟沙克都爾扎布次子。乾隆二十七年，降襲固山貝子。四十

勒珠巴遜多布敦多布多爾濟長子。嘉慶元年，襲。二十三年，卒。

買凝保巴勒珠巴遜多布子。嘉慶二十三年，襲。道光元年，更名巴勒多爾濟。

巴里克什特巴勒多爾濟子。道光二十九年，襲。

噶拉克瓦齊爾津巴里克什特子。同治三年，襲。

楚克察克達爾通噶拉克瓦齊爾子。光緒元年，襲。

木薩林扎布光緒二十二年十二月，襲。

	喀爾喀賽因諾顏部輔國
	額爾克沙喇親王成袞扎布長子。
封輔國公。見輔國公表。	伊什扎木楚額爾克沙喇弟。乾隆
多羅貝勒。二十七年，卒。	達什多爾濟伊什扎木楚姪孫。乾
六年，詔世襲罔替。六十年，卒。	呢瑪達什多爾濟長子。嘉慶二年，襲。
	布呢達哩呢瑪長子。道光十一年，襲。
道光二十九年，卒。	密濟特多爾濟布呢達哩子。道
	額克里色莽奈光緒三十三年

公。

乾隆二十二年，封輔國公。二十三年，賜貝子品級。三十一年，卒。貝子品級停襲。

三十一年，襲輔國公。四十六年，詔世襲罔替。五十五年，卒。

隆五十六年，襲輔國公。嘉慶元年，卒。

二十四年，卒。

光二十四年，襲。

三月，襲。

喀爾喀賽因諾顏部輔國公。

佛保	初襲其父貝勒恭格喇布坦爵。見貝勒表。乾隆二十二年，自伊犁歸，
三丕勒敦多克	佛保長子。乾隆三十六年，襲輔國公。四十六年，
格哩克敦多布	三丕勒敦多克嗣子。嘉慶七年，襲。二十三年，卒。
桑都克多爾濟	格哩克敦多布子。嘉慶二十三年，襲。道光三十
濟克濟特瓦齊爾	桑都克多爾濟子。道光三十年，襲。
車凌多爾濟	濟克濟特瓦齊爾子。光緒四年，襲。
洛布桑吹木伯勒	光緒十九年四月，襲。

喀爾喀賽因諾	
額璘沁多爾濟	賜公品級。二十八年，封輔國公。三十六年，卒。
納遜多爾濟 額璘	詔世襲罔替。
	年，病免。

顏部公品級一等台吉。

超勇襄親王策稜第五子。初授一等台吉。乾隆二十一年，追封公品級。

沁多爾濟長子。乾隆二十一年，襲公品級一等台吉。

喀車三達楚車達桑車庫

爾喀賽因諾顏部扎薩克多羅郡王。

布登扎布 超勇襄親王策稜次子。雍正十年，封輔國公。乾隆十六年，授扎

丕勒多爾濟 車布登扎布長子。乾隆四十七年，襲扎薩克多羅郡王。

瑪琳扎布 三丕勒多爾濟長子。嘉慶十二年，襲。二十年，卒。

克蘇木扎布 達瑪琳扎布子。嘉慶二十年，襲。道光十一年，卒。

凌棍布 楚克蘇木扎布弟。道光十一年，襲。十七年，卒。

爾瑪巴札爾 車凌棍布子。道光十七年，襲。咸豐四年，卒。

噶希哩 達爾瑪巴札爾弟。咸豐四年，襲。

凌多爾濟 桑噶希哩子。光緒九年，襲。十八年，卒。

魯固木扎布 車凌多爾濟子。光緒十八年，襲。

薩克。十九年，賜貝子品級。二十年，封多羅貝勒。二十一年，晉多羅郡王。二十三年，詔

繼其父超勇號，賜親王品級。十五年，以冒請展界，削親王品級。十四年，十六年，詔世襲

喀爾喀賽因諾顏部扎薩克多	
袞布　親王善巴叔祖。康熙三十年，封扎薩克多	郡王罔替。四十七年，卒。
額璘沁　袞布長子。康熙四十七年，降襲扎薩	
吹扎木三　額璘沁長子。康熙五十年，襲扎	
納木扎勒齊素嚨　吹扎木三長子。	
齊墨特多爾濟　納木扎勒齊素嚨第	
德埒克朋楚克　齊墨特多爾濟長子。	
貢楚克扎布　德埒克朋楚克子。嘉慶二	
晉丕勒多爾濟　貢楚克扎布子。道光	
車登索諾木　晉丕勒多爾濟子。光緒二	

羅貝勒。
羅郡王。四十七年，卒。
克多羅貝勒。四十九年，晉多羅郡王。尋卒。
薩克多羅貝勒。雍正元年，卒。
雍正二年，襲扎薩克多羅貝勒。乾隆二十五年，卒。
三子。乾隆二十五年，襲扎薩克多羅貝勒。四十六年，詔世襲罔替。五十五年，卒。
乾隆五十五年，襲扎薩克多羅貝勒。嘉慶二十二年，卒。
十二年，襲。道光二十五年，卒。
二十五年，襲。同治五年，賞郡王銜，世襲罔替。光緒二十年，卒。
十年十二月，襲。

喀爾喀賽因諾顏部	扎薩克多羅郡王。
托多額爾德尼	親王善巴再從弟。康熙三十年，封扎薩克鎮國
烏巴達	托多額爾德尼兄。康熙三十二年，襲扎薩克鎮國公。四十九年，
巴穆	烏巴達長子。康熙五十年，襲扎薩克鎮國公。五十一年，卒。
策旺諾爾布	托多額爾德尼嗣子。康熙五十一年，襲扎薩克鎮國
車木楚克扎布	策旺諾爾布長子。雍正十年，襲扎薩克鎮國公。
貢楚克扎布	車木楚克扎布長子。乾隆四十四年，襲扎薩克多羅
德木楚克扎布	貢楚克扎布之弟。乾隆五十三年，襲扎薩克多
圖克濟扎布	德木楚克扎布子。道光十一年，襲。二十九年，卒。
推音固爾扎布	圖克濟扎布子。道光二十九年，襲。
格勒克扎木楚	推音固爾扎布從父。咸豐七年，襲。
吹蘇隆扎布	格勒克扎木楚子。光緒四年，襲。三十二年，卒。
扎密多爾濟	光緒三十三年，襲。

公。三十一年，卒。

卒。

公。雍正二年，晉固山貝子。十年，以老罷。

乾隆三年，晉固山貝子。十九年，賜貝勒品級。二十一年，封多羅貝勒。尋晉多羅郡王。

郡王。四十六年，詔世襲罔替。五十三年，以病罷。

羅郡王。道光十一年，卒。

喀爾喀賽因諾顏部扎薩克多羅貝勒。	
素泰伊勒登親王善巴族弟。康熙三十年，封扎薩	
洪果爾素泰伊勒登長子。康熙四十二年，降襲扎薩克	
阿努哩洪果爾長子。康熙四十五年，襲扎薩克一等台	
多爾濟旺楚克阿努哩長子。乾隆二年，襲扎薩	
羅卜藏車璘多爾濟旺楚克長子。乾隆十五年，襲	四十三年，卒。
德木楚克扎布羅卜藏車璘長子。乾隆二十一	
袞布車璘德木楚克扎布長子。乾隆五十五年，襲扎	
綳楚克多爾濟袞布車璘子。嘉慶二十一年，襲。	
那木濟勒端多爾濟綳楚克多爾濟子。道	
希哩巴扎爾扎布那木濟勒端多爾濟子。道	
額林沁忠奈希哩巴扎爾扎布子。光緒三年，襲。	
棟多布章沁光緒十三年二月，襲。	

喀爾喀	
旺舒克	克鎮國公。四十二年，卒。
扎木禪	一等台吉。四十五年，卒。
巴圖蒙	吉。五十年，封輔國公。雍正九年，晉固山貝子。乾隆二年，卒。
丹巴旌	克固山貝子。十五年，卒。
羅卜藏	扎薩克固山貝子。二十年，擊伊犁叛賊，死之。詔晉貝勒爵。
齊旺扎	年，襲扎薩克多羅貝勒。四十六年，詔世襲罔替。五十五年，卒。
札木薩	薩克多羅貝勒。嘉慶二十一年，病免。
喇布坦	道光十五年，卒。
索諾木	光十五年，襲。二十五年，卒。
布爾布	光二十五年，襲。

賽因諾顏部扎薩克輔國公。
親王善巴從子。康熙三十一年，封扎薩克輔國公。雍正元年，卒。
旺舒克長子。雍正元年，襲扎薩克輔國公。乾隆十年，卒。
克扎木禪長子。乾隆十年，襲扎薩克輔國公。二十一年，卒。
準巴圖蒙克長子。乾隆二十一年，襲扎薩克輔國公。四十六年，詔世襲罔替。五十
多爾濟丹巴旌準長子。乾隆五十五年，襲扎薩克輔國公。嘉慶二年，卒。
布羅卜藏多爾濟長子。嘉慶三年，襲。十二年，卒。
蘭扎布齊旺扎布從子。嘉慶十二年，襲。咸豐八年，卒。
多爾濟札木薩蘭扎布子。咸豐八年，襲。
達什喇布坦多爾濟子。光緒七年，襲。二十一年閏五月，病免。
扎布索諾木達什子。光緒二十三年二月，襲。

	喀爾喀賽因諾顏部扎薩克輔國公。
	阿玉什 親王善巴再從弟。康熙三十年，授扎薩克一等台吉。
	旺扎勒 阿玉什孫。康熙三十九年，襲扎薩克輔國公。乾隆十
	三都克車木伯勒 旺扎勒長子。乾隆十二年，襲扎
五年，卒。	車登扎布 三都克車木伯勒長子。乾隆二十五年，襲扎薩
	三都克車木伯勒 乾隆二十九年，仍襲扎薩克輔
	噶爾瑪 車登扎布長子。乾隆三十五年，襲扎薩克輔國公。四
	根丕勒敦多布 噶爾瑪長子。嘉慶九年，襲。二十年，卒。
	達什德勒克 根丕勒敦多布弟。嘉慶二十年，襲。道光八
	班丹扎布 達什德勒克子。道光八年，襲。二十七年，卒。
	濟克濟特多爾濟 班丹扎布子。道光二十七年，襲。
	瑪哈薩木丹 宣統二年，卒。

喀爾喀賽因諾顏部	
車凌達什親王善巴次子。康熙	三十五年，封輔國公。三十九年，卒。
敦多布額璘沁車凌達什	二年，卒。
色納依敦多布額璘沁長子。雍正	薩克輔國公。二十五年，以病罷。
貢格車凌達什次子。乾隆八年，襲扎	克輔國公。二十九年，卒。
三都克扎布車凌達什第三	國公。三十五年，卒。
敏珠爾多爾濟三都克扎	十六年，詔世襲罔替。嘉慶八年，卒。
車敦扎布敏珠爾多爾濟長子。	
達哩克多爾濟車敦扎布	年，病削。
達什喇布坦達哩克多爾濟	
珠爾莫特旺濟勒達什	
達爾瑪巴咱爾珠爾莫特	
德哩克多爾濟達爾瑪巴	
達欽拉布坦光緒二十三年	

扎薩克輔國公。

四十六年，授扎薩克一等台吉。尋封輔國公。雍正二年，卒。

長子。雍正二年，襲扎薩克輔國公。八年，卒。

八年，襲扎薩克輔國公。乾隆八年，卒。

薩克輔國公。十四年，卒。

子。乾隆十四年，降襲扎薩克一等台吉。二十四年，仍襲輔國公原爵。二十六年，卒。

布長子。乾隆二十六年，襲扎薩克輔國公。四十三年，以病罷。

乾隆四十三年，襲扎薩克輔國公。四十六年，詔世襲罔替。五十年，卒。

長子。乾隆五十年，襲扎薩克輔國公。道光三年，病免。

子。道光三年，襲。十五年，卒。

喇布坦子。道光十五年，襲。咸豐五年，卒。

旺濟勒子。咸豐五年，襲。

咱爾子。光緒十年，襲。

十二月，襲。宣統二年，卒。

喀爾喀賽因諾顏部扎薩克輔國公。

諾爾布扎布鎮國公巴穆長子。康熙五十一年，授扎薩克一等台

達木巴多爾濟諾爾布扎布長子。乾隆五年，襲扎薩克輔國公。

貢楚克達木巴多爾濟長子。乾隆九年，襲扎薩克輔國公。四十六年，詔

索諾木巴勒珠爾多爾濟貢楚克長子。乾隆五十一

固嚕色特索諾木巴勒珠爾多爾濟子。道光四年，襲。

額爾奇木濟爾噶朗固嚕色特子。咸豐六年，襲。光緒二年，

烏勒哲依特莫爾額爾奇木濟爾噶朗子。光緒十二年，襲。十

都噶爾扎布烏勒哲依特莫爾子。光緒二十年三月，襲。

喀爾喀賽因諾顏部		
齊旺多爾濟	親王德沁扎布	吉。乾隆元年，封輔國公。五年，卒。
三都布多爾濟	齊旺多爾	九年，卒。
旺沁扎布	三都布多爾濟長子。	世襲罔替。五十一年，卒。
倭多布多爾濟	旺沁扎布	年，襲扎薩克輔國公。道光四年，病免。
達木定扎布	倭多布多爾濟	
薩莽達巴達爾	達木定扎	賜貝子銜，世襲罔替。
烏爾津扎布	薩莽達巴達爾	九年七月，病免。

扎薩克一等台吉公品級。

次子。初授一等台吉。乾隆十九年，賜公品級。二十年，晉貝子品級。二十四年，授扎薩

濟長子。乾隆三十八年，襲公品級扎薩克一等台吉。五十二年，卒。

乾隆五十三年，襲公品級扎薩克一等台吉。嘉慶十七年，卒。

子。嘉慶十七年，襲。道光二十三年，卒。

子。道光二十三年，襲。

布子。咸豐十年，襲。

子。同治九年，襲。

	喀爾喀賽因諾顏部扎薩克鎮國公。
克。三十八年，以罪削。	阿哩雅親王善巴族子。康熙三十一年，授扎薩克
	格木丕勒阿哩雅長子。康熙五十四年，襲扎薩
	貢格敦丹格木丕勒長子。乾隆十四年，襲扎薩
	當蘇嚨貢格敦丹長子。乾隆三十五年，襲扎薩克
	齊旺達什當蘇嚨長子。乾隆四十七年，襲扎薩
	巴勒沁齊旺達什子。嘉慶十八年，襲。道光五年，卒。
	車登扎布巴勒沁從子。道光五年，襲。
	岡昭爾扎布車登扎布子。同治六年，襲。宣統

喀爾	
多爾	一等台吉。五十四年，卒。
沙克	克一等台吉。雍正十年，封輔國公。乾隆二年，晉鎮國公。十四年，卒。
多布	克鎮國公。三十五年，卒。
扎沖	鎮國公。四十六年，詔世襲罔替。四十七年，卒。
車登	克鎮國公。嘉慶十八年，卒。
瑪克	
	二年，卒。

喀賽因諾顏部輔國公。

濟 鎮國公貢格敦丹同族。乾隆二十一年，封輔國公。二十七年，卒。

都爾扎布 多爾濟長子。乾隆二十七年，襲輔國公。四十六年，詔世襲罔替。

沁 沙克都爾扎布次子。嘉慶二年，襲。道光五年，卒。

多布 沁兄。道光五年，襲。咸豐三年，卒。

扎布 扎沖子。咸豐三年，襲。

蘇爾扎布 光緒二十八年，襲。

喀爾喀賽因諾顏部扎薩克輔國公。	
圖巴鎮國公托多額爾德尼從子。康熙三十年，授扎薩克	
實第圖巴長子。康熙三十六年，襲扎薩克一等台吉。五十	五十九年，卒。
齊旺實第長子。康熙五十八年，襲扎薩克一等台吉。雍正	
達什齊旺長子。乾隆二十二年，襲扎薩克輔國公。三十一	
喇嘛扎布達什長子。乾隆四十五年，襲扎薩克輔國	
車布登多爾濟喇嘛扎布長子。嘉慶七年，襲。十	
達拉扎布車布登多爾濟弟。嘉慶十七年，襲。道光十	
拉旺多爾濟達拉扎布子。道光十一年，襲。	
達什多爾濟拉旺多爾濟子。同治十三年，襲。	

喀爾喀賽因諾顏		
丹津額爾德尼	親王	一等台吉。三十六年，卒。
錫喇扎布	丹津額爾德尼	八年，卒。
滿珠習禮	錫喇扎布長子。	十年，封輔國公。乾隆二十二年，以病罷。
吹木丕勒	滿珠習禮長子。	年，晉鎮國公。四十五年，卒。
敦多布納木扎勒		公。四十六年，詔世襲罔替。嘉慶七年，病免。
多爾濟齊巴克	吹木	七年，病免。
索諾木袞布	多爾濟齊	一年，卒。
羅布桑達什	索諾木袞	
達瑪林扎布	羅布桑達	
阿巴爾米特	達瑪琳扎	
巴拉丹	阿巴爾米特子。光緒	

部　扎薩克一等台
善巴再從弟。康熙三十年，授扎薩克一等台吉。五十一年，卒。
長子。康熙五十一年，襲扎薩克一等台吉。雍正六年，卒。
雍正六年，襲扎薩克一等台吉。九年，卒。
雍正九年，襲扎薩克一等台吉。乾隆二十年，卒。
吹木丕勒長子。乾隆二十年，襲扎薩克一等台吉。三十年，卒。
丕勒次子。乾隆三十年，襲扎薩克一等台吉。四十年，卒。
巴克長子。乾隆四十年，襲扎薩克一等台吉。四十六年，詔世襲罔替。五十三年，卒。
布子。乾隆五十四年，襲扎薩克一等台吉。嘉慶二十一年，病免。
什子。嘉慶二十一年，襲。道光十三年，卒。
布從子。道光十三年，襲。
十一年，襲。宣統二年，卒。

喀爾喀賽因諾顏部扎薩克一等台吉。

薩木濟特扎薩克台吉阿哩雅叔祖。康熙三十一年，授扎薩克一等

根敦扎布薩木濟特長子。康熙五十一年，襲扎薩克一等台吉。雍正十三年，以

布達扎布根敦長子。雍正十三年，襲扎薩克一等台吉。乾隆十七年，

車登扎布布達扎布長子。乾隆十七年，襲扎薩克一等台吉。四十六

多爾濟扎布車登扎布長子。乾隆四十七年，襲扎薩克一等台吉。

羅布桑車林多爾濟扎布子。道光六年，襲。咸豐二年，卒。

烏哲依巴達爾呼凌霍羅布桑車林子。咸豐二年，襲。

孟柯瓦齊爾光緒二十四年二月，襲。

台吉。五十一年，卒。
病罷。
卒。
年，詔世襲罔替。四十七年，以病罷。
道光二十六年，卒。

喀爾喀賽因諾顏部
伊達木　親王善巴再從弟。康熙三
達爾濟雅　伊達木長子。康熙四
齊旺扎布　達爾濟雅長子。雍正
額璘沁　齊旺扎布長子。雍正十二
巴勒桑敏珠爾　額璘沁長
巴扎爾　巴勒桑敏珠爾子。乾隆五
托克米特　巴扎爾子。咸豐元年，
扎布沁扎木楚　光緒二十

扎薩克一等台吉。

十五年，授扎薩克一等台吉。四十八年，卒。

十八年，襲扎薩克一等台吉。雍正六年，卒。

六年，襲扎薩克一等台吉。十二年，卒。

年，襲扎薩克一等台吉。乾隆二十九年，卒。

子。乾隆二十九年，襲扎薩克一等台吉。四十六年，詔世襲罔替。五十七年，卒。

十九年，襲扎薩克一等台吉。咸豐元年，卒。

襲。

三年，襲。

喀爾喀賽因諾顏部輔國公。

袞布車凌　扎薩克台吉伊達木從子。乾隆元年，封輔國公。九年，卒。

丹忠　袞布車凌長子。乾隆九年，封輔國公。二十年，卒。

達什朋楚克　丹忠長子。乾隆二十年，襲輔國公。四十六年，詔世襲

齊旺達什　朋楚克子。嘉慶七年，襲。十九年，卒。

德勒克達什　齊旺達什子。嘉慶十九年，襲。

索諾木多爾濟　德勒克達什子。同治六年，襲。

喀爾喀賽因諾顏部扎薩克一等台	
納木扎勒，扎薩克台吉伊達木從弟。康熙三十	
巴朗，納木扎勒長子。康熙五十五年，襲扎薩克一等	
阿喇布坦，巴朗長子。乾隆十三年，襲扎薩克一	罔替。嘉慶七年，卒。
敦多布，阿喇布坦長子。乾隆二十四年，襲扎薩克	
旺濟勒三丕勒，敦多布長子。乾隆三十一	
格濟巴勒，旺濟勒三丕勒子。道光二年，襲。	
扎木薩林扎布，格濟巴勒子。同治元年，襲。	
車林棍布，扎木薩林扎布子。同治四年，襲。	
羅布桑海都布，光緒十四年，襲。	

喀爾喀	吉。
沙嚕伊	五年，授扎薩克一等台吉。五十五年，卒。
延達博	台吉。乾隆十三年，以病罷。
羅卜藏	等台吉。二十四年，卒。
袞布多	一等台吉。三十一年，以病罷。
薩木丕	年，襲扎薩克一等台吉。四十六年，詔世襲罔替。道光二年，卒。
巴達爾	
棍楚克	

賽因諾顏部 扎薩克一等台吉。

勒都齊 親王善巴再從弟。康熙三十五年，授扎薩克一等台吉。雍正二年，以

第沙嚕伊勒都齊 長子。雍正二年，襲扎薩克一等台吉。乾隆二年，卒。

敦多布延達博第 長子。乾隆二年，襲扎薩克一等台吉。三十二年，以疾罷。

爾濟羅卜藏敦多布 長子。乾隆三十二年，襲扎薩克一等台吉。四十六年，詔世

勒多爾濟 袞布多爾濟長子。嘉慶七年，襲。道光二十四年，卒。

薩木丕勒多爾濟 從孫。道光二十四年，襲。

吹末勒 光緒二十三年，襲。

喀爾喀賽因諾顏部扎薩克一等台	
素達尼親王善巴從弟。康熙三十六年，授扎薩克	病罷。
薩喇旺扎勒素達尼長子。康熙三十九年，襲	
車布登薩喇旺扎勒長子。雍正元年，襲扎薩克一	
賚充扎布車布登長子。雍正十一年，襲扎薩克	襲罔替。嘉慶七年，卒。
納旺車凌車布登次子。乾隆二十四年，襲扎薩	
貢格拉什納旺車凌第四子。乾隆四十九年，襲	
貢楚克扎布貢格拉什長子。嘉慶六年，襲。道	
占巴拉貢楚克扎布子。道光十九年，襲。二十七年，	
車登丕勒濟雅占巴拉從子。道光二十七	
蘊端多爾濟車登丕勒濟雅子。光緒九年，襲。	
車林多爾濟蘊端多爾濟弟。光緒十三年，襲。	

喀爾喀賽	吉。
噶瓦扎薩克台	一等台吉。三十九年，卒。
桑濟噶瓦長子。	扎薩克一等台吉。雍正元年，卒。
旺丕勒桑濟	等台吉。十一年，以罪削。
車凌桑魯	一等台吉。乾隆二十四年，卒。
維多布桑	克一等台吉。四十六年，詔世襲罔替。四十九年，以病罷。
	扎薩克一等台吉。嘉慶六年，卒。
	光十九年，卒。
	卒。
	年，襲。

喀	因諾顏部公品級三等台吉。
濟	吉賚充扎布同族。初授三等台吉。乾隆二十一年，賜公品級。三十四年，卒。
特	乾隆三十四年，襲公品級三等台吉。四十六年，詔世襲罔替。
烏	子。嘉慶二十二年，襲。
布	布旺丕勒子。道光三年，襲。
衮	保車淩桑魯布子。同治三年，襲。
噶	
章	
額	
達	

爾喀賽因諾顏部	扎薩克一等台吉。
納彌達	親王善巴再從弟。康熙四十八年，授扎薩克一等台吉。雍正二年，卒。
克什	濟納彌達長子。雍正二年，襲扎薩克一等台吉。乾隆十五年，卒。
巴什	特克什長子。乾隆十五年，襲扎薩克一等台吉。四十六年，詔世襲罔替。五
達齊素嚨	烏巴什長子。乾隆五十四年，襲扎薩克一等台吉。嘉慶十年，卒。
布多爾濟	布達齊素嚨弟。嘉慶十年，襲。道光二十五年，卒。
勒桑多爾濟	袞布多爾濟子。道光二十五年，襲。咸豐元年，卒。
楚布多爾濟	噶勒桑多爾濟兄。咸豐元年，襲。二年，卒。
林多爾濟	章楚布多爾濟子。咸豐二年，襲。
揚扎勒保	光緒二十三年二月，襲。

喀爾喀賽因諾顏部扎薩克一等台吉。	
多爾濟　親王善巴從弟。康熙五十一年，授扎薩克一等台吉。	
呢瑪　多爾濟長子。雍正三年，襲扎薩克一等台吉。十年，卒。	
阿保　呢瑪長子。雍正十年，襲扎薩克一等台吉。乾隆十八年，卒。	十三年，卒。
車璘巴勒　多爾濟次子。乾隆十八年，襲扎薩克一等台吉。	
成袞扎布　車璘巴勒長子。乾隆二十五年，襲扎薩克一等	
德木楚克　成袞扎布長子。乾隆五十年，襲扎薩克一等台	
車登達什　德木楚克弟。嘉慶六年，襲。二十五年，卒。	
桑津扎布　車登達什弟。道光十一年，襲。	
車林　桑津扎布子。道光十一年，襲。十二年，卒。	
布彥濟爾噶勒　車林之弟。道光十二年，襲。	
齊默特巴勒津　光緒二十年三月，襲。	

	喀爾喀賽因諾顏
雍正三年，以病罷。	額墨根　郡王袞布曾孫。乾隆
	達什　額墨根長子。乾隆二十二
二十五年，卒。	班第　達什長子。乾隆二十五年，
台吉。四十六年，詔世襲罔替。五十年，卒。	達瑪璘　班第長子。乾隆五十
吉。嘉慶五年，卒。	哈思巴咱爾　達瑪璘子。
	布木達爾　哈思巴咱爾子。
	齊默特多爾濟　布木
	扎木薩林扎布　齊默
	巴爾瓦喇克察　光緒

喀爾喀賽	部扎薩克一等台吉。
阿喇布坦	三年，授一等台吉，領扎薩克。二十二年，卒。
車凌旺布	年，襲扎薩克一等台吉。二十三年，賜公品級。二十五年，卒。
色布騰旺	襲扎薩克一等台吉。四十六年，詔世襲罔替。五十五年，卒。
朋素克色布	五年，襲扎薩克一等台吉。嘉慶二十四年，卒。
納木扎勒	嘉慶二十四年，襲。道光十九年，卒。
車凌多爾	道光十九年，襲。
朋素克車凌	達爾子。同治四年，襲。
多爾濟巴	特多爾濟弟。同治六年，襲。
察克都爾	三十一年，襲。
達克丹多	
桑都克多	

因諾顏部厄魯特扎薩克固山貝子。

準噶爾台吉額爾墨特達爾漢諾顏之九世孫。康熙四十一年，來降，封扎薩克多羅

阿喇布坦長子。康熙四十二年，襲扎薩克多羅郡王。雍正六年，卒。

布阿喇布坦次子。雍正元年，封多羅貝勒。四年，授扎薩克。七年，襲多羅郡王，并兩

臘旺布嗣子。乾隆十三年，降襲扎薩克固山貝子。二十六年，詔隸喀爾喀賽因諾顏

朋素克長子。乾隆四十三年，襲扎薩克固山貝子。四十六年，詔世襲罔替。五十三年，

濟納木扎勒長子。乾隆五十三年，襲扎薩克固山貝子。五十六年，卒。

多爾濟之祖。乾隆五十六年，仍襲扎薩克固山貝子。嘉慶三年，卒。

勒朋素克孫。嘉慶四年，襲。二十二年，卒。

扎勒多爾濟巴勒從弟。嘉慶二十二年，襲。

爾濟察克都爾扎勒子。光緒五年，襲。三十年，卒。

爾濟光緒三十三年三月，襲。

喀爾喀賽因諾顏	
丹濟拉準噶爾台吉額爾墨	郡王。四十二年，卒。
多爾濟色布騰丹濟	
三都布多爾濟色布騰長子。	扎薩克爲一。乾隆十三年，卒。
貢楚克邦三都布嗣子。乾	部。四十三年，以罪削扎薩克，留貝子爵。
濟克墨特貢桑貢楚	卒。
車伯克扎勒濟克墨特	
扎木彥多爾濟車伯	
貢格多爾濟扎木彥多	
車都布多爾濟貢格	
齊莫特德哩克車都	

部厄魯特扎薩克固山貝子。

特達爾漢諾顏之九世孫。康熙三十六年，來降，授內大臣。四十四年，封扎薩克輔國

拉長子。康熙四十七年，襲扎薩克輔國公。雍正元年，晉固山貝子。八年，晉多羅貝勒。

乾隆二年，襲扎薩克固山貝子。二十五年，卒。

隆二十六年，襲扎薩克固山貝子，詔隸喀爾喀賽因諾顏部。四十六年，詔世襲罔替。

克邦長子。嘉慶九年，襲。

貢桑子。嘉慶十三年，襲。十九年，卒。

克扎勒兄。嘉慶十九年，襲。二十三年，卒。

爾濟從弟。嘉慶二十三年，襲。

多爾濟子。道光二十二年，襲。

布多爾濟從子。光緒十二年，襲。

公。四十七年，卒。
乾隆二年，卒。